PÃO NOSSO DE CADA DIA

OPÇÕES ECONÔMICAS PARA SAIR DA CRISE

LADISLAU DOWBOR

OUTRASPALAVRAS

© Autonomia Literária, para a presente edição.

Coordenação editorial:
Cauê Ameni, Hugo Albuquerque & Manuela Beloni

Conselho editorial:
Carlos Sávio Gomes (UFF-RJ), Edemilson Paraná (UFC/UNB), Esther Dweck (UFRJ), Jean Tible (USP), Leda Paulani (USP), Luiz Gonzaga de Mello Belluzzo (Unicamp-Facamp), Michael Löwy (CNRS, França), Pedro Rossi (Unicamp) e Victor Marques (UFABC)

Edição:
Cauê Seignemartin Ameni e Antonio Martins

Revisão:
Lígia Magalhães Marinho

Capa e diagramação:
Rodrigo Corrêa/@cismastudiocisma

Dados Internacionais de Catalogação na Publicação (CIP)
(eDOC BRASIL, Belo Horizonte/MG)

D744p Dowbor, Ladislau.
    Pão nosso de cada dia: opções econômicas para sair da crise / Ladislau Dowbor. – São Paulo, SP: Autonomia Literária, 2021.
    202 p. : 14 x 21 cm

    ISBN 978-65-87233-48-2

    1. Economia. 2. Desigualdade social. 3. Desenvolvimento sustentável. I. Título.

    CDD 330

Elaborado por Maurício Amormino Júnior – CRB6/2422

EDITORA AUTONOMIA LITERÁRIA
Rua Conselheiro Ramalho, 945
01325-001 - São Paulo-SP
autonomialiteraria@gmail.com
autonomialiteraria.com.br

Introdução	6
Visão de conjunto	18
A produção material	28
As infraestruturas	64
Serviços de intermediação	94
As políticas sociais	136
Resumindo: sistemas diferenciados e complementares de gestão e propriedade	117
A política econômica, social e ambiental	186
Sugestões de leitura	196

INTRODUÇÃO

Não basta dizer que
um outro mundo é possível.
Precisamos mostrar que
uma outra gestão é possível.
O que propomos tem de funcionar.

No momento em que finalizamos essa atualização e ampliação do texto original desse livro, o mundo enfrenta uma pandemia que colocou com muita força no palco mundial a necessidade de novas regras do jogo. Tornou-se claro que estamos enfrentando a convergência de várias crises, a catástrofe ambiental, a desigualdade explosiva, o caos financeiro, a desagregação dos mecanismos democráticos, e, ainda por cima, a pandemia. O movimento Economia de Francisco, lançado pelo Papa, os escritos de tantos pesquisadores de primeira linha, como Joseph Stiglitz, Thomas Piketty, Ann Pettifor, Jeffrey Sachs, Kate Raworth, e de numerosos centros de pesquisa apresentam o denominador comum de rejeitar os absurdos do neoliberalismo. O movimento também é muito rico no Brasil, com numerosos pesquisadores de economia e de ciências sociais trazendo novas visões. Não é por falta de visões ou de propostas que a economia brasileira está paralisada, e sim pela força dos interesses de elites improdutivas.

A análise do funcionamento da economia que aqui apresentamos tem, sim, um objetivo, que não é necessariamente o crescimento do PIB, mas a reconversão necessária para um desenvolvimento equilibrado. Aliás, é interessante constatar que com um PIB mundial de 88 trilhões de dólares e 7,8 bilhões de habitantes, o que produzimos hoje em bens e serviços representa o equivalente a 18 mil reais por mês por família de quatro pessoas, o que permitiria uma vida digna e confortável para todos, bastando para isso uma modesta redução das desigualdades. Isso também vale para o Brasil, pois com um PIB de 7,3 trilhões de reais (2019) e uma população de 212 milhões, produzimos o equivalente a 11 mil reais por mês por família de quatro pessoas. Não há nenhuma razão econômica para a pobreza, a desigualdade e a consequente guerra social e política interna que vivemos. Nosso problema não é produzir mais: é definir melhor o que produzir, a quem distribuir, e como assegurar a sustentabilidade social e ambiental do planeta. Nosso problema é de redefinição das formas de organização política e social.

Os mecanismos econômicos não são complexos. O que complica é que, segundo os interesses e a vontade de se apropriar de um pedaço maior do bolo, ouvimos explicações contraditórias para cada coisa. O banqueiro diz que precisa subir os juros para ganhar mais, pois isso permite que ele invista e dinamize a economia para o bem de todos. O funcionário diz que precisa ganhar mais, pois isso estimula a demanda, o que, por sua vez, gera investimentos e dinamiza a economia para todos. Todos querem, no discurso, o bem de todos, se possível justificando a apropriação do maior pedaço possível para si. Não há como não trazer para o raciocínio o conceito de justiça, de merecimento. Eu, francamente, acho mais legítimos os interesses dos trabalhadores do que os dos banqueiros. Banco é atividade de meio, e os meios têm de se adequar aos fins, que é o fomento da economia e uma vida digna para todas as famílias.

Muitos simplesmente desistem de entender, imaginam uma complexidade acima da sua compreensão. No entanto, se trata do nosso dinheiro, da nossa sociedade, dos nossos empregos, dos nossos filhos. Enquanto deixarmos a compreensão da economia para os especialistas, são os interesses deles, e dos que os empregam, que vão prevalecer. A democratização da economia, e da própria compreensão do seu funcionamento, é fundamental. Precisamos de muito mais gente que entenda como se pode realmente equilibrar as coisas. O que temos é muita narrativa, mas pouca explicitação dos mecanismos.

A mídia comercial, sem dúvida, não ajuda e, curiosamente, ainda que a nossa vida dependa tanto do andamento da economia, nunca na escola tivemos uma só aula sobre os seus mecanismos. Nenhuma aula sobre como funciona, por exemplo, o dinheiro, esse poderoso estruturador da sociedade. A televisão atinge hoje 97% dos domicílios: seria tão difícil assim gerar uma sociedade mais informada, em vez de nos massacrar com bobagens e fundamentalismos ideológicos? Mas a mídia comercial vive da publicidade contratada pelos grandes grupos privados de interesses, e não há análise objetiva a se esperar desse lado.

Esse pequeno livro busca dar ferramentas de análise a quem queira entender, sem querer se tornar um comentarista, sobre como a economia funciona e como se relacionam os diversos setores. Não haverá nesse texto nenhuma equação, nenhuma econometria. E tampouco haverá simplificações ideológicas. O que interessa é um sistema que funcione. Vamos descrever aqui os desafios, ponto por ponto, setor por setor, apontando dificuldades e soluções. E, como o texto completo está na internet, com livre acesso, inclusive com vídeos de apoio, qualquer leitor poderá se manifestar, sugerir complementos e correções.

Esse livro é muito pequeno, se comparado com os tratados de economia que vemos nas estantes das livrarias. Não vai, portanto, ensinar tudo, mas sim os mecanismos básicos, que cada um poderá detalhar segundo as suas experiências e conhecimentos complementares. Todos nós temos o ponto de partida essencial, que é a vivência de como somos recompensados ou depenados, segundo as circunstâncias. Portanto temos a matéria-prima, e ao vermos o quadro mais amplo, as coisas se encaixam e passam a fazer sentido. Sugiro uma leitura tranquila, passo a passo, e a releitura, pois aqui, mais que o detalhe, interessa a visão de conjunto.

A economia não é propriamente um "setor" de atividades, como a educação ou a agricultura, e sim uma dimensão de todas as nossas atividades. Tem dimensão econômica a latinha de cerveja que alguém joga na rua, e que alguém terá de apanhar. Ou a escola que escolhemos para os nossos filhos, ou ainda a obesidade que se gera com refrigerantes e certos tipos de comida. Quem limpa a rua terá de ser pago, da qualidade da escola depende a produtividade futura, a obesidade vai gerar custos na saúde. Praticamos economia o dia inteiro, ainda que a dimensão econômica frequentemente nos escape. A economia, nesse sentido, constitui um movimento que resulta do conjunto de iniciativas dos mais variados setores, e temos de ter uma noção da contribuição de cada um, e de como se articulam.

A economia está impregnada de ideologias, contaminada por preconceitos. Esse ponto é importante, e vai nos fazer entender, por exemplo, que o motorista apressado tenha ódio do corredor de ônibus, ou que os acionistas de um grupo econômico que poderiam lucrar com um *shopping* fiquem escandalizados que uma área verde sirva apenas como espaço gratuito de lazer. Mas a economia que funciona não se resolve no ódio, e sim na harmonização razoavelmente equilibrada dos diversos interesses.

Essa harmonização não significa uma abordagem neutra, pois enfrentamos aqui desequilíbrios antigos e novos, herdados e reproduzidos. Nos EUA, o salário de um administrador *top* de linha de uma instituição de especulação financeira é, aproximadamente, o mesmo que o de 17 mil professores do ensino primário (Russell Jacoby). Faz algum sentido? Nenhum sentido ético, pois o trabalho do professor é muito intenso, e nenhum sentido econômico, pois o professor multiplica conhecimentos, enquanto o especulador multiplica crises. No entanto, é o que prevalece, e o importante não é odiar individualmente o especulador – há inúmeros candidatos para ocupar o seu lugar –, e sim entender como o sistema se deformou e permite esses absurdos.

No plano social, temos de entender como o 1% dos mais ricos do planeta se tornaram donos de 50% das riquezas produzidas por toda a sociedade. Como podemos ter mais de 800 milhões de pessoas que passam fome quando o mundo produz, apenas de grãos, mais de um quilo por pessoa por dia? Como, com tantas tecnologias, um terço da humanidade ainda cozinhe com lenha, e 1,3 bilhões sequer tenham acesso à eletricidade? Esperar ter paz social, política equilibrada e um mundo em segurança nessas condições não faz muito sentido. Gente reduzida ao desespero reage de maneira desesperada, é tão simples. A partir de um certo grau de desigualdade, as sociedades, no seu conjunto, deixam de funcionar, acumulam-se crises e conflitos, os processos democráticos se desarticulam.

No plano ambiental, podemos enfileirar um conjunto de tragédias que se avolumam, como o aquecimento global, a liquidação das florestas, a perda de solo fértil, a ruptura das cadeias alimentares dos oceanos, o desaparecimento da biodiversidade, a contaminação generalizada da água doce e outros processos acelerados de destruição, em que cada agente econômico busca arrancar o máximo para o seu proveito e o dos seus acionistas, sem pensar no conjunto: entre o interesse financeiro de curto prazo dos grupos econômicos e o interesse mais amplo da sociedade, o chamado bem comum, a luta ficou desigual. O relatório da World Wide Fund For Nature (WWF) de 2014 mostra que em quarenta anos, entre 1970 e 2010, destruímos 52% da fauna do planeta, com numerosas espécies já irremediavelmente extintas. Não ver o drama que se avoluma já não é questão de posicionamento político, e sim de cegueira ideológica. Temos de assumir as nossas responsabilidades como seres humanos. Isso envolve uma dimensão ética das pessoas, mas, sobretudo, a reorganização do sistema, de forma que contribuir para a sociedade se torne mais interessante do que maximizar a apropriação. Trata-se de reconciliar a busca de realização individual e a construção do bem comum.

No plano da organização econômica e financeira, chegamos ao absurdo de ter mais de um terço do valor do PIB mundial estocado em paraísos fiscais, fortunas que são aplicadas não em criar atividades econômicas, produzir coisas úteis, mas em gerar lucros especulativos. Como os lucros especulativos aumentam em ritmo muito superior ao crescimento da economia real, temos aqui uma bola de neve em que os mais ricos, que são os que jogam no mercado financeiro, aumentam a sua parte do bolo em ritmo crescente. Como nos paraísos fiscais não se paga impostos, ou apenas simbolicamente, geramos um processo completamente disfuncional, na linha do que tem sido chamado de financeirização da economia.

Jacob Goldstein, autor do livro chamado simplesmente *Money*, comenta esse estranho divórcio entre a economia real e os sistemas de apropriação: "Os economistas usam essa frase estranha: 'A economia real'. Isso se refere aproximadamente a tudo o que ocorre fora das finanças. O carpinteiro que constrói a casa trabalha na economia real. Não é o caso do banqueiro que lhe empresta dinheiro para comprar a casa. Quando uma economia funciona bem, a economia real e as finanças se complementam. O banqueiro lhe dá um empréstimo para que você possa comprar a casa que o carpinteiro construiu. Todos (teoricamente) ganham. Mas há tempos em que a economia real e as finanças se desconectam." (69) O que aqui nos interessa é a economia real, o processo produtivo, o que chamamos simbolicamente de "o pão nosso de cada dia".

O nosso desafio é bem conhecido: temos de assegurar uma sociedade que seja economicamente viável, mas também socialmente justa e ambientalmente sustentável. Esse tripé, o *triple bottom-line*, é hoje internacionalmente aceito, mas estamos destruindo o planeta em proveito de uma minoria, sendo que essa minoria sequer consegue administrar os seus recursos para que tenhamos um desenvolvimento econômico que faça sentido. Esses recursos, na realidade, são necessários para financiar políticas sociais inclusivas capazes de assegurar vida digna à imensa massa de pobres, e para financiar a reconversão tecnológica e organizacional que permita assegurar uma produção que não destrua o planeta. Para isso, evidentemente, não basta a boa vontade de alguns, temos de rever as regras do jogo. A governança corporativa, e a responsabilização dos grandes grupos econômicos, assume um papel particularmente importante.

A economia moderna se tornou demasiado complexa para as grandes simplificações de outrora. O que herdamos como visões do século passado era, de um lado, a visão capitalista, centrada na propriedade privada, regulada pela mão invisível e o liberalismo empresarial, com a burguesia ditando os rumos em termos políticos. De outro lado, os defensores da economia estatizada, regulada pelo planejamento central, e com o controle político do proletariado. Hoje, essas visões nos trazem o sentimento de folhearmos antigos compêndios empoeirados. Temos de enfrentar a complexidade de uma economia que funciona com subsistemas diferenciados, buscando soluções menos lineares, e, sobretudo, inteligentes.

Em outros termos, além das simplificações, e levando em conta as enormes transformações das últimas décadas, temos de pensar com cabeça mais fria o que funciona melhor e com que sistemas de gestão. A Polônia, para dar um exemplo, foi, segundo o *Economist*, o país que melhor sobreviveu à crise de 2008. Os bancos não tinham sido privatizados, e os recursos das poupanças da população continuaram a ser geridos dominantemente por cooperativas como "caixas de poupança". Balcerowicz, um importante economista polonês, disse ironicamente que a Polônia foi salva por seu atraso financeiro. Semelhante "atraso pode ser encontrado com as *sparrkassen* municipais que gerem quase dois terços da poupança da Alemanha, financiando as necessidades reais de cada município em vez de alimentar fortunas no casino financeiro.

Em outros termos, o que aqui buscamos é ver, setor por setor, o que funciona melhor, conscientes de que há coisas que funcionam melhor com mercado, outras com planejamento central, outras, ainda, com planejamento participativo descentralizado, e assim por diante. Estamos diante do desafio real de equilibrar, numa economia que se diversificou, mecanismos de regulação diferenciados e articulados. Como objetivo maior, visamos a construção de sistemas democráticos, equilibrados e sustentáveis de gestão.

Enfrentei, no quadro da ONU a montagem de sistemas econômicos em diversos países africanos, além de ter acompanhado situações muito diversificadas, como as de Mongólia, China, Equador, Suíça, Polônia e muitos outros. Isso me faz duvidar bastante dos grandes caminhos retos, das grandes propostas que tudo igualam. Gostemos ou não, temos de olhar os problemas mais de perto. Simplificações podem assegurar satisfação ideológica e fortes convicções, mas não resolvem os problemas nem abrem caminhos para os avanços que são necessários.

Para o leitor que acompanha os meus estudos, algumas palavras para situar o presente livro. O fio condutor aqui é o mesmo do meu *A reprodução social*, publicado pelas Editora Vozes, mas aqui com dados atualizados e análise expandida. O presente trabalho é particularmente complementar de *A era do capital improdutivo*, publicado por Autonomia Literária e Outras Palavras. De certa maneira, ao tratar o "Capital Improdutivo", analisei as deformações do sistema pela financeirização, enquanto o presente estudo é centrado nos setores concretos da "economia real", como indústria, saúde ou educação, e numa visão propositiva. Na sequência das análises que tenho construído, trata-se precisamente de resgatar a base produtiva da sociedade, a economia real, setor por setor.

Por trás de um livro, há um autor. Eu me tornei consciente dos dilemas sociais trabalhando como jornalista no *Jornal do Commercio* do Recife, nos tempos de Miguel Arraes, estudei economia política com bons banqueiros na Suíça, e a economia do socialismo em Varsóvia: de certa forma, as duas vertentes, as duas metades da laranja. E com anos de implantação de sistemas de organização econômica e social em diversos países, no quadro das Nações Unidas, me tornei muito mais pragmático, cético quanto às simplificações ideológicas, ainda que cada vez mais consciente dos dramas que estão sendo gerados. O pequeno livro que o leitor tem em mãos resulta, em grande parte, dessa trajetória: ao elaborar um plano nacional de desenvolvimento, é preciso conhecer de maneira concreta os desafios dos diferentes setores, e entender como podem ser articulados.

Para entender os nossos dilemas econômicos, não há como não ver o pano de fundo: nas diversas eras e civilizações, sempre tivemos elites que se apropriaram do produto dos outros, por meio de diferentes mecanismos: a exploração dos servos na era feudal, dos escravos nas plantações, dos assalariados nas fábricas, dos endividados no planeta todo. Mas como mostra Piketty no *Capital e ideologia,* sempre foram construídas narrativas para justificar a apropriação do excedente social por quem não o produziu: os arissocratas tinham direito de explorar os servos, pois tinham sangue nobre, e o rei era "de direito divino", os escravos podiam ser explorados, pois eram "legítima propriedade" e sequer teriam alma, os proletários explorados recebiam o merecido, pois os capitalistas é que enfrentavam os riscos – capital de risco, nos ensinam até hoje –, e as fortunas financeiras de hoje fariam parte da lógica impessoal "dos mercados", ainda que sejam propriedade de pessoas de verdade que pouco produzem. Hoje enfrentamos um "neo-feudalismo", escreve Joel Kotkin.

Sempre houve mecanismos de exploração e narrativas para justificá-la. E evidentemente, para os que não acreditavam ou hoje não acreditam nas narrativas, sempre há o porrete. Mecanismos econômicos de apropriação, narrativas e contos de fadas para justificar o injustificável, e o porrete para os que não acreditam em contos de fada, esse pode ser o resumo dos nossos tristes destinos de economia selvagem. É tempo de nos civilizarmos.

São Paulo, 20 de março de 2021.

Quando pensamos na economia, o que nos ocorre são os problemas da taxa de crescimento, do desemprego, da inflação, dos impostos, das taxas de juros, do câmbio e outras variações conjunturais. Mas não haverá crescimento, emprego nem atividades sobre as quais se cobrar impostos se não houver processos concretos de produção. Ou seja, a produtividade de uma economia depende essencialmente de acúmulos estruturais, da existência ou não de fábricas, estradas, comércios, escolas, pessoas com saúde e conhecimentos e semelhantes. As políticas econômicas no sentido mais amplo – juros, preços, emprego, câmbio, tributação – precisam ajudar a dinamizar os diversos setores concretos de produção de bens e serviços, que não só têm necessidades diversificadas como estão passando por profundas transformações tecnológicas e de organização.

É essa dimensão que queremos aqui estudar, setor por setor, como se estivéssemos montando um plano de desenvolvimento. O enfoque que aqui propomos é analisar a base produtiva da sociedade. Em outro trabalho, *A era do capital improdutivo* (Autonomia Literária, 2018), apresentamos como as políticas econômicas se deformaram, paralisando a economia nos últimos anos. As políticas econômicas são importantes para que o país se desenvolva de maneira equilibrada, mas a base produtiva é essencial, e isso envolve também, por exemplo, um sólido sistema educacional. Podemos guiar um carro de maneira mais ou menos acelerada, e ir em diferentes direções, mas essas opções só existem se já tivermos um automóvel. Nesse sentido é importante se dar conta de que precisamos, sim, de boas políticas macroeconômicas, mas que o investimento produtivo é que gera o aumento do potencial. O que pretendemos aqui é construir esse plano de desenvolvimento, observando o que efetivamente funciona em cada um dos setores abaixo discriminados:

Áreas e setores de atividade econômica

Ainda que o quadro acima possa parecer complexo à primeira vista, na realidade todos temos informações sobre cada um desses setores, e seguramente opiniões. A sistematização das informações permitirá entender os principais desafios estruturais da economia, e ajudará, por sua vez, a compreender a dinâmica de conjunto: estudar as peças do carro isoladamente não permite avaliar a funcionalidade de cada engrenagem, nem a dinâmica e a potência do motor. O essencial aqui é entender as próprias atividades que compõem a economia. Quase nada funciona, por exemplo, se não houver sistemas de produção e distribuição de energia. Trata-se de detalhar como funcionam e se articulam os principais eixos de atividade, a própria estrutura, ou base produtiva.

Agrupamos as atividades em quatro grandes áreas que são diferentes na sua organização e funcionamento, mas que são complementares: produção material, infraestruturas, serviços de intermediação e políticas sociais. Para dar um exemplo, a produção agrícola enfrenta desafios próprios, mas também precisa de infraestruturas tais como redes de transporte, bem como de intermediários financeiros e comerciais. Essas áreas diferentes e complementares não vão funcionar se não houver pessoas com saúde e educação, além de um ambiente de segurança, resultado das políticas sociais. Ou seja, as economias que funcionam equilibraram os investimentos de maneira que as diversas áreas de atividade, com os seus respectivos setores, se complementem umas às outras.

Antecipando as conclusões, veremos que a "produção" de tomates ou camisetas (área de produção) se regula de maneira bastante competente por meio de mecanismos de mercado, mas as grandes "infraestruturas", como eixos ferroviários ou redes de distribuição de energia dependem de visões de longo prazo e estruturais sobre o desenvolvimento do território, coisa que o mercado não resolve, e sim a capacidade de planejamento e investimentos públicos. Na área de produção, as atividades se organizam em unidades empresariais de propriedade privada que acompanham as variações do mercado, mas não se produzem mais ou menos linhas férreas ou portos, ou ainda sistemas energéticos segundo variações de preços de mercado: aqui, nos países onde funcionam, as grandes redes que cobrem o país recorrem ao setor público e a investimentos planejados no longo prazo.

De forma semelhante, os "serviços de intermediação" podem ser úteis sob forma de empresas privadas, sobretudo em pequena escala, mas quando se transformam em poderosos oligopólios os intermediários passam a ser atravessadores que dificultam o acesso e cobram pedágio, como se nota no Brasil com o setor financeiro, ou, no mundo, com as gigantescas plataformas de controle dos fluxos de informação. Com as novas tecnologias e a conectividade eletrônica instantânea, assistimos à formação de corporações que passam a dominar o mercado, gigantes burocráticos que conectamos apenas impessoalmente nos computadores geridos por algoritmos. Ouvimos as intermináveis mensagens gravadas do tipo "a sua ligação é muito importante para nós", empurrados de "disque x" para "disque y", pagando taxas incompreensíveis.

Sem um forte setor público que assegure um mínimo de concorrência e de responsabilização, a área de intermediação passa a drenar o conjunto das atividades econômicas, pois, de uma forma ou outra, não podemos dispensá-los. Aqui não nos referimos a unidades empresariais, como, por exemplo uma fábrica, e sim a redes interconectadas, como as redes de agências bancárias, e nessa área é necessário assegurar sistemas missos de propriedade e fortes mecanismos de regulação.

Finalmente, na quarta área, agrupamos o conjunto de iniciativas que constituem investimentos nas pessoas e na sociedade, as "políticas sociais". Nenhuma economia funciona adequadamente sem esse tipo de investimentos, erroneamente classificados como "gastos" no Brasil. Trata-se de atividades fins – vida com saúde, educação e segurança é essencial –, diferentemente da área de "intermediação" que constitui atividades-meio. A área "social" da economia está se expandindo de forma muito acelerada no mundo. Nos EUA, só a saúde representa 20% do PIB, de longe o maior setor da economia americana. É uma área que envolve contatos diretos entre pessoas, e onde funciona é assegurada de maneira universal, pública e gratuita, e gerida de maneira descentralizada e participativa, com muita presença de organizações da sociedade civil.

Nesta sumária visão de conjunto das quatro grandes áreas, desenha-se uma sociedade complexa e diversificada. As áreas são complementares, e envolvem tanto o papel da iniciativa privada como um setor público dinâmico e a participação das organizações da sociedade civil, com soluções organizacionais diferenciadas. No mundo em rápida transformação estrutural, em vez de falar em "Estado mínimo", mais vale acompanhar as soluções que são adotadas com sucesso em diferentes países, inclusive com regimes políticos diferenciados, como o sistema de educação na Finlândia, a saúde pública e de acesso universal no Canadá, a orientação do sistema financeiro para o investimento produtivo na China, as caixas municipais de poupança que permitem finanças de proximidade na Alemanha, as formas de organização descentralizada e participativa das políticas sociais no Kerala (Índia), e assim por diante.

Segundo onde dói o calo, as pessoas dizem que a grande solução está nas infraestruturas, outras dizem que é na educação, outras, ainda, que é na saúde, mas a realidade é que as quatro grandes áreas mencionadas têm de operar de maneira equilibrada para que o conjunto funcione. A economia é um sistema de engrenagens articuladas. Uma vez entendido o mecanismo básico, não é complicado. Na apresentação dos diversos setores, eu aproveito a experiência direta que tive ao estruturar sistemas de organização econômica em diversos países, e a vivência concreta da "economia realmente existente" me parece ser a melhor garantia de manter os pés no chão.

Um último exemplo para deixar mais clara a orientação que preside ao presente trabalho. A China tem de sair da sua dependência do carvão, e está investindo pesadamente na energia solar. Não ficou esperando que "os mercados" resolvam, já que optariam pelo carvão mais barato, nem criou uma pesada estrutura estatal de produção de painéis solares. A sua opção foi montar uma empresa estatal de porte para a fabricação de máquinas e equipamentos para a produção de painéis solares. Isso permite que qualquer empresário privado possa adquirir o equipamento, com financiamento e juros controlados no banco local, e montar a sua empresa, privada, adaptada às necessidades do mercado da sua região. O Estado, com mais acesso a financiamento amplo e tecnologias de ponta, não substituiu o setor privado, mas gerou um tipo de motor de arranque que permite que empresas privadas se multipliquem no país, atendendo à dinâmica diversificada das regiões, tornando, assim, as opções sustentáveis mais baratas. Em vez de simplificações ideológicas, articulações inteligentes.

A privatização generalizada constitui essencialmente um discurso demagógico, quando não uma apropriação vergonhosa de bens públicos. O mito do neoliberalismo segundo o qual "os mercados" resolvem tem de ser ultrapassado. É qualificado de "catastrófico" por Joseph Stiglitz, Nobel de Economia. Martin Wolf, economista-chefe do *Financial Times*, escreve que esse sistema "perdeu a sua legitimidade". O mesmo *Financial Times* escreve no editorial de 3 de abril de 2020: "Reformas radicais – invertendo a direção política predominante das últimas quatro décadas – precisarão ser colocadas sobre a mesa. Os governos terão que aceitar um papel mais ativo na economia. Eles devem ver os serviços públicos como investimentos, e não como obrigações, e procurar maneira de tornar os mercados de trabalho menos inseguros. A redistribuição estará novamente na agenda." As últimas quatro décadas constituíram precisamente a era neoliberal. Somos hoje sociedades e economias complexas demais para soluções ideológicas simplificadas. Área por área, ou setor por setor, temos de entender os entraves e os potenciais. A gestão racional e diferenciada dos diversos subsistemas da economia é fundamental.

Voltaremos, no final da presente obra, a comentar os rumos da economia e do desenvolvimento em geral: trata-se do que poderíamos chamar de economia do bom senso, esboçando, setor por setor, a dimensão dos desafios. Não há aqui nada de misteriosamente técnico, bastando o rumo geral de que o que se visa é uma economia que funcione para todos, e de maneira sustentável. E que o enriquecimento individual é legítimo somente quando contribui proporcionalmente ao que extrai.

Uma nota de cautela. Ximena de la Barra, chilena que trabalhou com Salvador Allende, disse-me um dia, durante uma missão da UNICEF na África do Sul: "Ladislau, em nenhum momento o mundo vai parar de funcionar como hoje funciona, para passar a funcionar de outra maneira." Ou seja, para quem cansou de esperar pela grande alvorada libertadora do planeta, abrir frestas no sistema, aproveitar cada brecha que melhore as nossas vidas e a sustentabilidade, setor por setor, parece válido. Nesse sentido, é essencial, sim, termos gente que sonha, mas, sobretudo, temos de ter mais gente que entenda os mecanismos. E para isso não é preciso ser economista.

A PRODUÇÃO MATERIAL

Produção material

Agricultura e pecuária

Exploração florestal

Pesca

Mineração

Construção

Indústria de transformação

Unidades empresariais

Setor privado

Mecanismo de mercado

A produção material é a que mais conhecemos, pois vemos os produtos nas prateleiras, os prédios construídos. Basicamente, trata-se aqui de seis setores de atividade: agricultura e pecuária, exploração florestal, pesca, mineração, construção e indústria de transformação. Não vamos entrar aqui no detalhe de cada um dos setores, pois o exercício que propomos não é apontar todos os problemas e soluções, mas identificar as "peças" e as suas funções no conjunto. Descreveremos em cada setor apenas o suficiente para possibilitar a compreensão mais geral: o que interessa é a engrenagem.

O importante para nós é que os setores de produção material se caracterizam geralmente por constituírem *unidades empresariais*, do *setor privado*, reguladas por *mecanismos de mercado*. Dizemos "geralmente" pois existem também sistemas cooperativos, gestão comunitária, economia solidária, produção para autoconsumo e outras formas de organização, mas que raramente se tornaram dominantes na atualidade e nesse grupo de atividades. Importante, ainda, é lembrar que em cada setor, há atividades que se regem razoavelmente através de mecanismos de mercado, no livre jogo de interesses entre as empresas, mas que os sistemas de regulação e enquadramento por mecanismos públicos tornam-se cada vez mais importantes, em particular no quadro dos desafios ambientais ou de conglomerados de grande porte. Usa-se a imagem do passarinho na mão: se segurar com muita força, esmaga, se a mão ficar muito aberta, ele voa. Uma questão de equilíbrios. O mercado sozinho, mesmo nesta área, não resolve e não assegura o funcionamento adequado, ainda que seja necessário.

Agricultura e pecuária

É natural vermos a agricultura como produção regulada pelo mercado. Isso vale para os produtos, se os preços do tomate no mercado subirem, os agricultores vão produzir mais tomate. No entanto, a base da agricultura é solo e água, e ambos são recursos limitados. O Brasil tem aqui uma imensa reserva subutilizada. Nesse país de 8,5 quilômetros quadrados, equivalentes a 850 milhões de hectares, temos cerca de 350 milhões de hectares em estabelecimentos agrícolas, dos quais 225 milhões constituem solo agricultável. Mas a subutilização é impressionante. Se somarmos a lavoura temporária e a lavoura permanente, ou seja, as formas razoavelmente produtivas de uso do solo, constatamos que utilizamos apenas 63 milhões de hectares. Isso significa que temos, de acordo com o Censo

Agropecuário de 2017, do IBGE, cerca de 160 milhões de hectares de terra parada, usada como patrimônio que se valoriza, ou subutilizada com pecuária extensiva. Essa terra subutilizada equivale a cinco vezes o território da Itália. Nas pastagens, com pouco mais de um boi por hectare, trata-se de uma gigantesca perda de produtividade potencial. Como, além disso, dispomos no Brasil de 12% das reservas mundiais de água doce, ainda que distribuídas de maneira desigual, há aqui um gigantesco potencial de expansão, representando, junto com as savanas africanas, a maior extensão mundial de solo agrícola subutilizado. Dizer que precisamos liberar o desmatamento da Amazônia para fins produtivos é simplesmente falso.

Essa subutilização está diretamente ligada à propriedade do solo. Basicamente 50 mil estabelecimentos com mais de 1 mil hectares, ou seja 1% do total de estabelecimentos, concentram 43% da área (146,6 milhões de hectares). São os que mais subutilizam a terra. E como os grandes estabelecimentos empregam pouco, reforça-se a pressão demográfica sobre as cidades. O desafio, portanto, é em grande parte cumprir a Constituição, que define o uso social da propriedade rural. Quando gigantes financeiros se tornam proprietários que não usam e nem deixar usar, há uma perda de produtividade sistêmica para o país.

A tendência é mundial. "Hoje, estima-se que existam aproximadamente 608 milhões de propriedades rurais no mundo, e a maioria ainda é familiar. No entanto, o 1% das maiores fazendas controla mais de 70% das terras agrícolas do mundo e está integrado ao sistema alimentar corporativo, enquanto que mais de 80% das propriedades mundiais são pequenas, de menos de dois hectares, geralmente excluídas das cadeias alimentares globais."[1] Aqui, o mercado não resolve, é preciso ter uma política, melhorar e aplicar as leis, pois não vai haver maior oferta de terra, por exemplo, se o preço da terra subir: a terra e a água são recursos naturalmente limitados. Onde são utilizados de maneira racional, são intensamente regulados, pelo Estado ou pelas comunidades.

As pessoas ainda pensam frequentemente na agricultura como setor "primário", de pouco valor agregado. Na realidade, com as tecnologias modernas, o solo pode constituir uma base de produção tão sofisticada como as máquinas na indústria. A PNAD de 2017 estima que 8,7 milhões de pessoas estavam ocupadas na agricultura e na pecuária no Brasil, para um total de "pessoas ocupadas" de 91,4 milhões. Com 7,8 bilhões de habitantes no mundo, e 80 milhões a mais a cada ano, a demanda por alimento, ração animal, fibra e bioenergia explode no planeta. Entre a expansão da demanda e o potencial subutilizado, desenha-se uma visão estratégica. E só exportaremos em bruto se quisermos. Aqui também, precisamos de políticas. Na Europa, paga imposto elevado quem tem uma terra agrícola que não usa.

O Brasil herdou um setor de agricultura familiar que assegura cerca de três quartos da base alimentar do país. Usa o solo de maneira intensiva e ocupa pouca terra no seu conjunto, cerca de 20%. É um universo muito diferente dos gigantes do agronegócio, centrados na monocultura e na exportação, e diferente ainda dos que guardam a

---

1 International Land Coalition, dez. 2020: https://www.landcoalition.org/en/uneven-ground/executive-summary/, ver também em: https://outraspalavras.net/desigualdades-mundo/desigualdade-fundiaria-drama--global/.

terra parada, com fins de especulação fundiária, atividade fragilmente disfarçada como "pecuária extensiva". Com a pressão da demanda e o esgotamento das reservas mundiais de solo agrícola e água doce, um país como o Brasil, que tem essas reservas, que não cobra impostos sobre a terra – o ITR, Imposto Territorial Rural, é uma ficção –, sofre hoje uma invasão de interesses internacionais. Aqui também é indispensável uma política no sentido amplo. A economia não gosta de vácuo. O capital desinteressado não existe. Por exemplo, cobrar um imposto sobre terra parada poderia estimular o proprietário a usá-la ou vendê-la para quem a cultivaria.

Assim, nesse setor, enquanto a produção pode ser, sim, regulada por mecanismos de mercado com variações do preço do milho, por exemplo, a política de acesso à base produtiva, que são o solo e a água, deve ser organizada e regulada, inclusive para limitar ou reverter os desastres ambientais. E temos ainda amplos caminhos de atividade de política econômica, como, por exemplo, generalizar o apoio tecnológico, comercial e financeiro à principal base rural que é a agricultura familiar, ou estimular o agronegócio a enfrentar a segunda revolução verde, com menos agrotóxicos e monocultura, maior valor agregado nos produtos antes de exportar e incorporação da sustentabilidade nos processos produtivos. Temos também uma "agricultura 4.0" pela frente, em vez do desastre das queimadas e destruição da Amazônia.

O que se constata aqui, portanto, é uma necessidade de se articular mecanismos de mercado com políticas públicas, com mais mercado na parte propriamente da produção, e mais política pública na parte de acesso aos principais fatores de produção, como solo, água e tecnologia,

33

além dos sistemas de financiamento e de gestão de estoques de regulação. As simplificações do tipo "o mercado resolve" são, portanto, míopes, ao não ver a necessidade de um enfrentamento sistêmico dos desafios.

Abaixo, algumas ideias soltas, apenas para dar uma noção dos potenciais subutilizados, e baseadas em propostas que têm funcionalidade comprovada, e que podem ser generalizadas.

- Cinturões verdes hortifrutigranjeiros em torno das cidades: cidade por cidade vemos desemprego e terra parada no entorno;
- Núcleos de serviços de apoio técnico, comercial e de equipamentos ao pequeno e médio agricultor: funcionam frequentemente como cooperativas de serviços de apoio;
- Compras públicas municipais e garantia de preços: estabilizar a demanda para os agricultores constitui um estímulo poderoso;
- Regulação e controle de impactos ambientais: o Brasil está poluindo os aquíferos, rios e lagos, contaminando os alimentos;
- Assegurar o funcionamento do imposto territorial rural: quem tem terra parada, ou vai produzir, ou vender para quem produza.

Exploração florestal

A necessidade de articular economia e política torna-se mais clara ainda na área da exploração florestal. A madeira pode ser produzida, e o Brasil possui hoje grandes plantações, essencialmente de pínus e eucalipto, ocupando cerca de 5 milhões de hectares. Esta atividade pode ser considerada como agricultura de prazo mais longo. Mas o essencial do problema está na exploração da madeira nobre, a mata original. E aqui o mecanismo de mercado emperra.

Quando se tira um pé de mogno no sul do Pará (ainda que clandestinamente desde 2001), move-se uma máquina internacional de interesses. Primeiro,uma árvore de mogno em pé é um capital natural, de reprodução limitada. Quem o extrai não precisou produzir, portanto, trata-se mais de uma apropriação de valor do que de produção. Segundo, com as novas tecnologias, motosserras, tratores de esseira e semelhantes, a extração é dramaticamente acelerada. Terceiro, gerou-se uma máquina internacional de apropriação dessa riqueza, com fortes enraizamentos na política nacional e local, que tritura, literalmente, as tentativas de proteção. O resultado é que a madeira nobre em geral, e não apenas o mogno, desaparece, aqui e no resto do mundo. Na África então, com governos frágeis e interesses internacionais poderosos, e na Indonésia, onde o governo é cúmplice, a devastação é dramática.

A economia busca claramente apropriar-se da política, e das próprias leis. Podemos partir de um exemplo prático. A Friboi é da JBS, o maior grupo mundial na área de carne. O pesquisador e jornalista Alceu Castilho constata: "Existe uma bancada da Friboi no Congresso, com 41 deputados federais eleitos e 7 senadores. Desses 41 deputados financiados pela empresa, apenas 1, o gaúcho Vieira da Cunha, votou contra as modificações no Código Florestal. O próprio relator do Código, Paulo Piau, recebeu 1,25 milhão de reais de empresas agropecuárias, sendo que o total de doações para a sua campanha foi de 2,3 milhões de reais. Então temos algumas questões. Por que a Friboi patrocinou essas campanhas? Para que eles votassem contra os interesses da empresa? É evidente que a Friboi é a favor das mudanças no Código Florestal. A plantação de soja empurra os rebanhos de gado para o Norte, para a Amazônia, e a Friboi tem muito interesse nisso. Será que é mera coincidência que somente 1 entre 41 deputados financiados pela empresa votou contra o novo código?"[2]

A imagem do braço de ferro aqui é bastante útil. O Brasil, em 2002, desmatou 28 mil quilômetros quadrados da floresta amazônica. Em 2014, foram cerca de 5 mil, o que representa ainda um desastre, mas também um imenso avanço. O sistema do agronegócio reagiu reforçando a bancada ruralista, e conseguiu truncar o Código Florestal, tornando legal o que era crime ambiental. A eleição de 2018 reforçou mais ainda a bancada ruralista. A natureza não vota, não elege deputado federal. E desmatar é uma maneira muito rápida de chegar ao dinheiro. Em 2019 ultrapassamos o patamar de 10 mil quilômetros quadrados, um desastre ambiental e econômico, na medida em que destrói o capital natural do país e tende a nos fechar mercados consumidores preocupados com a sustentabilidade.

Outro conceito que ajuda a entender os mecanismos é o de interesses articulados, de *clusters* de poder. O Arco do Fogo, assim chamado porque representa o avanço dos interesses econômicos sobre a Amazônia com queimadas, forma um arco que vai do Pará até o Acre. As madeireiras se apropriam da madeira. Em seguida mobilizam peões da região para fazer as queimadas, o que limpa a terra e incorpora cinza ao solo, tornando-o temporariamente mais fértil, o que, por sua vez, mobiliza os interesses dos produtores e comercializadores da soja. Depois de alguns anos

---

2 Alceu Castilho, *Partido da terra*: http://dowbor.org/2013/04/ha-um--sistema-politico-ruralista-no-brasil-afirma-autor-do-livro-partido--da-terra-abril-2012-6p.html/.

de monocultura, esses solos frágeis e sujeitos a chuvas torrenciais sem a proteção da floresta tornam-se pouco produtivos, o que abre espaço para a pecuária extensiva vista previamente. E o ciclo tem de recomeçar empurrando a fronteira de destruição.

Entre os interesses nacionais e internacionais da madeira, da soja e da carne, gera-se um *cluster* de interesses comuns, e com a lei de 1997 que autorizou o financiamento corporativo das campanhas eleitorais (até fins de 2015), a própria legislação foi apropriada. Vemos aqui como se articulam os interesses da madeira, da soja e da carne, apoiados pelos gigantes financeiros internacionais que constituem os *traders* de *commodities*, e com a conivência do Legislativo e do Judiciário. Forma-se um *cluster* de poder difícil de ser enfrentado, já que é o próprio poder regulador, o Estado, que foi em grande parte apropriado. Com o governo atual, o desastre se amplia. Lembremos que a BlackRock, importante *trader* de *commodities* e especulador financeiro, maneja ativos da ordem de 8,7 trilhões de dólares, cerca de seis vezes o PIB do Brasil. Ao liberar o desmatamento, não estamos exercendo nosso direito em explorar a Amazônia, estamos entregando um capital natural aos interesses dos *traders*.

O mecanismo econômico aqui é importante. Quanto mais as tecnologias avançam, mais caem os custos de extração, transporte e comercialização da madeira. E quanto mais escassas se tornam as madeiras nobres, mais se elevam os seus preços nos mercados internacionais. Estamos falando em milhares de dólares por tronco. O resultado é que quanto mais uma espécie é ameaçada, mais as empresas as tentam extrair. Hoje o mogno tem extração controlada no Brasil, mas como é muito lucrativo o negócio, continua de maneira clandestina, enquanto o grosso da extração legal se deslocou para o Peru, onde foi mais fácil se apropriar das leis. Assim, a liquidação das espécies nobres é tanto mais lucrativa quanto mais se tornam escassas, levando à extinção. Os mercados passam a destruir a própria base da economia.

Não há nenhuma "maldade" particular por parte das empresas envolvidas, é lógica econômica. Enquanto não houver sistemas públicos de regulação, e força suficiente para implementar a lei, a destruição deve continuar. E se as empresas são suficientemente poderosas para comprar legisladores, e com isso tornar a destruição legal, não há limites. O que aparece aqui com muita clareza é que não há como pensar a economia separada da política, nas suas diversas dimensões, incluindo o papel da mídia e do Judiciário.

Voltando às ideias e propostas que sabemos que funcionam e tendem a equilibrar os processos, sugerimos:

• Forte proteção legal das regiões ameaçadas: a apropriação privada de bens públicos precisa ser apresentada como é: apropriação indébita;
• Desenvolver atividades econômicas alternativas e exploração sustentável das florestas: existem inúmeras práticas no Brasil e em outros países;
• Apoiar as organizações da sociedade civil especializadas e organizações comunitárias que batalham pela sustentabilidade: gerar informação e transparência é essencial ;
• Tributar fortemente a exploração de riquezas naturais não reproduzíveis, valorizando a produção sustentável.

Pesca

A pesca industrial confirma esses mecanismos. Temos, por um lado, a pesca artesanal tradicional, que emprega cerca de 300 milhões de pessoas pelo mundo afora e, pela escala de atividades, não prejudica a reprodução dos recursos pesqueiros, além de gerar empregos e de fornecer proteínas preciosas para as populações litorâneas. Por outro lado, o que se expandiu muito foi a pesca industrial, que usa grandes navios, sistemas GPS que permitem o mapeamento das rotas de cardumes, identificação de concentração de biomassa por satélite, enormes capacidades de estocagem de frio a bordo, redes grandes e resistentes com as novas fibras, sistemas de dragagem das plataformas marítimas que capturam tudo que é vivo, e deixam um deserto por onde passam.

A lógica aqui é parecida com a da exploração das florestas. As novas tecnologias permitem a pesca em grande escala e com custos muito reduzidos. A pesca industrial com isso ultrapassa os 90 milhões de toneladas por ano. Não há vida oceânica que resista. Como no mundo há uma demanda crescente, enquanto o volume de pesca dos peixes comercialmente mais interessantes escasseia, os preços sobem. Aqui também vemos os custos caírem, graças às novas tecnologias, enquanto os preços sobem no mercado, em função da escassez, tornando o processo mais lucrativo. No estudo do WWF visto anteriormente (p. 12), constatou-se a perda de 39% da fauna marítima entre 1970 e 2010, um desastre planetário.

Do ponto de vista das corporações da pesca, dirigidas por pessoas formadas e que entendem tudo de pesca, as opções são limitadas: se uma empresa decidir se limitar aos volumes de pesca sustentável – permitindo aos recursos pesqueiros se reconstituírem –, ela sabe que outra empresa vai buscar o mesmo peixe. Com uma situação dessa, enquanto não houver regras para todos, não haverá regras, apenas a exploração predatória. A livre competição, frente a recursos esgotáveis, é desastrosa.

No caso das florestas visto antes, há uma razoável possibilidade de regulação, pois as matas se situam em países com governos, e se eles puderem resistir às pressões das corporações, pode haver regulação, como foi o caso parcialmente no Brasil até 2016. Mas no caso dos mares, tirando as zonas exclusivas nas costas, ninguém regula as águas internacionais. E não há governo mundial. Assistimos assim a sucessivas reuniões internacionais que pedem aos países interessados que limitem os volumes, mas os resultados são precários. O que se conseguiu até agora são algumas limitações sazonais, redução de extração de algumas espécies mais ameaçadas e a formação de uma zona de proibição total de pesca no Pacífico, visando assegurar espaços para os peixes se reproduzirem. Mas entre o avanço das tecnologias, o poder das corporações e os lucros gerados pela extração de uma riqueza que a corporação não precisou produzir, levando em conta a frágil governança internacional, a luta é desigual.

Com a exaustão crescente dos recursos, desenvolveu-se a produção de peixes em fazendas aquáticas, o *fish-farming*. Hoje quase a metade do peixe no mercado vem de produção industrial em fazendas desse tipo. A lógica aqui é um tanto parecida com a das florestas plantadas, que ajudam, mas não resolvem. No caso das fazendas aquáticas, o problema é que o peixe é confinado e precisa ser alimentado, o que, por sua vez, exige a captura de peixes para fabricar a ração. O resultado é, por exemplo, o salmão que compramos no mercado, e cuja cor característica se deve ao corante acrescentado, pois salmão em cativeiro não adquire naturalmente a cor do peixe solto na natureza. Ainda que muitos apresentem a criação em cativeiro como solução, a situação é bastante absurda, pois os mares e oceanos já representavam um gigantesco sistema natural de reprodução, não era preciso destruí-los.

Ponto importante: o esgotamento dos recursos pesqueiros naturais e sua substituição por peixes criados em cativeiro destrói os milhões de empregos da pequena pesca artesanal, e todos se verão obrigados a comprar o peixe das corporações que gerem os latifúndios aquáticos. As soluções econômicas nunca são apenas econômicas, sempre têm implicações sociais. Cerca de 300 milhões de pessoas no mundo, como vimos, vivem ou viviam da pesca artesanal. É só acompanhar os seus relatos sobre a diminuição dos recursos nas costas para entender o drama.

Vemos aqui, indo de setor em setor, problemas bastante parecidos: a empresa naturalmente busca maximizar o lucro, e a concorrência de outras empresas a leva a acelerar a extração, antes que outra empresa agarre o produto. O solo, a água, a madeira e o peixe são bens herdados da natureza, cujo custo de produção as empresas não tiveram de enfrentar, e passa a prevalecer a lógica do mais forte, de quem chega primeiro. O belíssimo ébano vê hoje desaparecer as últimas árvores no Madagascar. A compra de imensas regiões com solo e água na África, no Brasil, na Europa do Lesse e em outras localidades, por parte de grandes corporações, apostando na futura valorização e no controle sobre recursos escassos, faz parte dessa lógica.

O desafio de uma humanidade fadada a aprender a limitar a exploração da natureza é que não temos governança planetária – a fragilidade da ONU é bastante evidente –, mas temos, sim, corporações planetárias, e interesses ilimitados.

Na linha das sugestões, lembrando que estamos apenas dando exemplos de iniciativas possíveis, que, inclusive, variam muito segundo países e regiões, podemos:

- Batalhar por acordos internacionais que permitam reverter a extinção de tantas espécies pela sobrepesca;
- Proibir o *by-catch*, que é o descarte de peixes de menor valor comercial, prática que destrói inutilmente e rompe as cadeias alimentares nos mares;
- Controlar os recursos tecnológicos utilizados pelas corporações da pesca: isso vai desde a dinamite usada nos rios até os tipos de redes;
- Assegurar apoio às organizações da sociedade civil, como o Greenpeace, e cooperativas de pesca que assegurem a pesca sustentável.

Os trabalhos de Elinor Ostrom sobre a governança dos bens comuns, constituem uma excelente sistematização de formas de gestão que escapam da simples estatização ou privatização. Prêmio Nobel muito merecido.

Mineração

O caso da mineração deixa esses desafios particularmente claros. Por definição, ela explora de recursos naturais, ou seja, da natureza, e que não constituem propriedade no mesmo sentido em que sou proprietário da minha bicicleta, porque a comprei. Os nababos da Arábia Saudita e de outros países esbanjam suas fortunas, constroem elefantes brancos, com os *royalties* do *seu* petróleo. Para ter a minha bicicleta, eu trabalhei, ganhei dinheiro e comprei. No caso do petróleo, estão simplesmente sentados em cima, e vendem os direitos de extração. E se dizem *produtores* de petróleo, como se fosse um produto, e não o acúmulo natural que durou mais de 100 milhões de anos. Trata-se aqui essencialmente de atividades mais extrativas do que produtivas.

Recursos energéticos, como carvão, petróleo e gás; minerais metálicos, como ferro, zinco ou alumínio; não metálicos, como fosfatos; minerais raros, como o molibdênio e outros; tudo isso constitui de certa forma o sangue da economia moderna. E não nos colocamos muito a questão de como são apropriados, transformados e comercializados.

A dimensão política é aqui dominante. A forma como o Brasil resistiu à apropriação do petróleo pelas corporações multinacionais, ainda nos anos 1950, com a imensa campanha "O petróleo é nosso", ou mesmo o enfrentamento das novas iniciativas de privatização fazem parte de uma consciência política que precisa ser reforçada. Iniciativas semelhantes na Venezuela, na Bolívia, no Equador e em outros países têm a ver não só com a eficiência da extração, mas, sobretudo, com quem se apropria do recurso, e com que fins. No caso brasileiro, a partir de 2019, temos não só a privatização como também a entrega a grupos internacionais.

Com uma canetada, a propriedade do minério de ferro controlado pelo Estado através da Vale do Rio Doce, hoje Vale S.A., foi entregue a um particular, Eike Batista, que fez fortuna vendendo um minério que nunca precisou produzir e que claramente pertence a um país, e não a um particular. Análise da negociata e das incompetências à parte, temos aqui de repensar a lógica do setor: é um recurso natural e não renovável. Constitui, nesse sentido, um bem comum, cuja apropriação precisa ser baseada na lógica do interesse social e de longo prazo.[3]

O problema é que é difícil pensar no longo prazo e no interesse social quando se é uma grande corporação, cujos acionistas exigem lucro a curto prazo, ainda mais quando muitos deles são, na realidade, grandes investidores institucionais, ou seja, bancos e fundos de investimento. Aqui tampouco adianta muito pensar em gente bem ou mal-intencionada. Um diretor de empresa que não maximiza os resultados no sentido estrito – lucro – terá vida curta na empresa. E quando esgotam os recursos em determinado país, as grandes corporações se deslocam para outro.

Na corporação não mandam os técnicos e pesquisadores, e muito menos os responsáveis pelo departamento de responsabilidade social e ambiental, com os seus códigos de ética, ou ainda o departamento de *compliance*, mandam os departamentos financeiro, jurídico e de *marketing*. E por trás deles, os grupos financeiros que fixam, através dos seus representantes no conselho de administração, as metas financeiras a serem atingidas. Em inglês fica mais claro: não se preocupam com os *outcomes*, resultados amplos econômicos, sociais e ambientais para todos nós, e sim com os *outputs*, ou seja, a produtividade imediata e os resultados para os acionistas.

Na área da mineração isso é bastante evidente. Os golpes de Estado tentados ou realizados se deram nas últi-

---

3 Para as dimensões das negociatas (e as prisões de Eike Batista), ver os verbetes correspondentes na Wikipédia, com o nome do empresário e o artigo sobre a Vale S.A. Ambos dão uma visão clara da cultura do setor.

mas décadas na Líbia, no Oriente Médio, na Venezuela, no Equador, no Sudão e também no Brasil, todos donos de amplas reservas de petróleo. A tragédia do Irã data da ditadura instalada pelos britânicos e pelos americanos ainda nos anos 1950, para impedir a nacionalização do petróleo, aliás, na mesma época em que saíamos às ruas na campanha d'O petróleo é nosso.[4] A Arábia Saudita, onde as mulheres são constrangidas nos seus direitos básicos, onde se cortam as mãos de um autor de furto (hoje com bisturi) e onde ainda se cortam cabeças em público (de modo tradicional), é considerada como regime amigo e, portanto, democrático. De pai para filho. Não está sujeita a golpes.

Aqui há muito pouco espaço para mecanismos de mercado. Trata-se de gigantes corporativos mundiais, e são negociações políticas, intervenções armadas e sistemas de corrupção que definem as regras do jogo. O excelente relato de John Perkins, ex-economista-chefe de grande corporação da área, apresenta de forma clara como se dão as negociações, como se configuram as regras do jogo. Sempre há referências ao mercado de minérios ou de energia, porque o nome *mercado* faz parecer que há concorrência, uma certa legitimidade por trás da força bruta.[5] Na realidade não há concorrência no sentido econômico, de numerosas unidades competindo para prestar o melhor serviço:

---

4 Sobre o golpe no Irã, ver o estudo de Stephen Kinzer, *All the Shah's Men*, resenha em: https://dowbor.org/2004/05/all-the-shahs-men.html/. Stephen Kinzer é também autor *Overthrow*, uma excelente sistematização dos golpes promovidos pelos Estados Unidos no mundo, veja em: https://dowbor.org/2006/07/overthrow-americas-century-of-regime-change-from-hawaii-to-iraq-golpe-de-estado-um-seculo-de-derrubada-de-regimes-de-hawai-ate-o-iraque-384-p.html/.
5 John Perkins: http://dowbor.org/2005/01/confessions-of-an-economic-hit-man-confissoes-de-um-agressor-economico-250-p.html/.

o que há são relações de poder, uso de exércitos oficiais ou privados (no Iraque o sistema terceirizado de corporações militares privadas, como *Blackwater,* é maior do que o aparato propriamente militar). Não há nenhuma lei econômica que explique que, no decorrer de uma década, o preço do barril de petróleo tenha dançado entre 17 e 148 dólares, e durante um mês entre 120 e 60 dólares. Nem a oferta, nem a demanda poderiam variar dessa maneira.

Veremos mais adiante como funciona a parte comercial das *commodities* desse tipo, hoje na mão basicamente de dezesseis *traders* situados em paraísos fiscais.[6] O que a visão de conjunto do setor nos aponta é uma guerra planetária crescente por recursos que estão minguando, enquanto a demanda mundial se amplia, e os impactos indiretos, como o aquecimento global, se agravam. As futuras gerações, que serão privadas dos recursos esgotados, mas herdarão os impactos ambientais, evidentemente não estão aqui para votar. A nossa democracia ainda é bem tímida, e o termo *mercado* essencialmente é um véu de respeitabilidade que recobre uma rapina absurda.

O essencial da orientação, no caso dos recursos minerais, é que sendo eles uma herança da natureza, e não um "produto", devem ser controlados pelo sistema público, de forma que a exploração do petróleo, por exemplo, sirva para financiar infraestruturas, educação, pesquisa e outros investimentos no futuro do país, em vez de enriquecer acionistas que ganham sobre o que não precisaram produzir. Uma alternativa é contratar empresas privadas

---

6 Sobre como funciona o "mercado" de *commodities*, veja o capítulo 7 do meu livro *A era do capital improdutivo*, e o vídeo correspondente: http://dowbor.org/2018/08/curso-pedagogia-da-economia-com-ladislau-dowbor-instituto-paulo-freire-2018-15-aulas.html/ (10 minutos).

para a extração, mas assegurar forte tributação, de forma que a extração sirva para o setor público realizar investimentos básicos. Simplesmente privatizar equivale a descapitalizar o país e comprometer o seu futuro.

Aqui também trazemos algumas sugestões que podem ser consideradas evidentes ou simplesmente necessárias. Talvez não sejam muito realistas, dadas as relações de força atuais, mas são amplamente discutidas internacionalmente:

- Regulação internacional dos *traders*, basicamente 16 grupos que controlam o conjunto da extração, comercialização e financiamento das commodities em geral;
- Geração de informações transparentes sobre as reservas naturais: os estudos existem, inclusive com publicações internacionais, mas não são transformadas em informação generalizada às populações;
- Retomada da batalha pela Taxa Tobin, taxação modesta, mas generalizada, das transações financeiras internacionais, assegurando a base de informação financeira que sustenta o conjunto do sistema de apropriação privada de bens naturais;
- De forma geral, o forte controle público é essencial, e como se vê na Nigéria, em Angola, hoje no Brasil e em tantos países, sem a defesa firme de direitos soberanos, o que predomina é a simples rapina.

Construção

Estamos aqui apresentando os mecanismos básicos que prevalecem nos diversos setores, porque não se pode falar de "ciência econômica" no abstrato, sem entender as engrenagens da economia real. De certa forma, para entender o conjunto, é melhor partir de como funcionam os setores concretos de atividade, para depois gerar uma visão mais ampla e entender as articulações. Grande parte do debate econômico se dá sobre generalidades demasiado amplas para serem significativas. Com muita facilidade se afirma no Brasil que as taxas de juros absurdas são para nos proteger da inflação, ou que o desemprego é resultado de insuficiente liberdade da misteriosa entidade que chamam de "os mercados". Afloram facilmente os ódios ideológicos, é o fígado que fala, não a cabeça. A ideologia é frequentemente um útil substituto ao conhecimento.

No setor da construção, como em outros setores, temos pequenos produtores que constroem casas, realizam pequenas obras nas prefeituras e coisas do gênero. E temos as musculosas corporações como a Odebrecht, a OAS e mais algumas que dominaram as grandes obras. Enquanto os pequenos concorrem realmente entre si, e podemos falar de mecanismos de mercado, o universo dos grandes funciona de maneira diferente, tanto aqui, com as empresas mencionadas, como nos Estados Unidos, com a Halliburton, e corporações semelhantes em diversas partes do mundo. A Halliburton emprega diretamente 60 mil pessoas, tem presença em oitenta países e elegeu Dick Cheney, seu presidente, para vice-presidência, com George Bush, nos Estados Unidos. Herdou os maiores contratos de reconstrução do Iraque, bem como contratos de exploração de petróleo. Grande parte dos massacres e do caos político no norte da África e no Oriente Médio, além da América Latina, tem as suas raízes nesta esfera onde interesses financeiros, políticos e militares se juntam.[7]

---

7 Sobre a Halliburton, ver: www.halliburtonwatch.org/; a empresa, que lida com petróleo, engenharia e construção, tem forte presença também no Brasil. Além disso, utiliza forças paramilitares da Acade-

Aqui é tradicional a confusão entre interesses públicos e privados. O mecanismo básico é simples, se tomarmos o exemplo dos sucessivos malufismos na cidade de São Paulo, os prefeitos e boa parte da Câmara são eleitos com muito dinheiro das construtoras e montadoras. Eleitos os amigos, aprovam-se as obras, basicamente de interesse das próprias empreiteiras, como viadutos, elevados, túneis e outras infraestruturas que, em nome de melhorar o trânsito, apenas paralisam progressivamente a cidade.

Corredor de ônibus não rende para quem quer faturar com concreto, e a construção de metrô exige concorrências internacionais, o que dificulta o sobrefaturamento. E o sobrefaturamento, que frequentemente multiplica o preço das obras várias vezes o que realmente custou, permite financiar tanto a fortuna pessoal dos políticos e acionistas das empresas, como financiar a campanha eleitoral seguinte. É assim tão simples o principal mecanismo de desvio dos recursos públicos nesse setor. Dizer que os políticos são corruptos faz pouco sentido, as empresas privadas fazem parte da mesma máquina de transformação de recursos públicos em enriquecimento privado. Não há corrupto sem corruptor, ainda que seja vantajoso para as corporações se queixarem dos políticos.

Existem, é claro, as concorrências públicas, mas com a participação de grandes empresas que se contam nos dedos, basta se acertarem na fila de quem obtém qual contrato. A escolhida faz uma proposta com preços sobrefaturados, enquanto as outras apresentam preços as-

---

mi (antiga Blackwater). A pesquisa sobre as ramificações e o funcionamento da Academi, do jornalista Jeremy Scahill, Blackwater, foi publicada no Brasil em 2009 pela Cia. das Letras. A empresa tem bases paramilitares em diversos países da América Latina.

tronômicos. A melhor ganha. Chamam isso de mercado das grandes obras.

Naturalmente, esse tipo de priorização das obras e escolha dos executantes tem pouco a ver com mecanismos de mercado, em que a concorrência levaria à escolha do projeto com melhor relação custo-benefício. No Brasil se desencadeou uma campanha contra a corrupção, o que é positivo, mas consistiu essencialmente na desestruturação da Odebrecht, forte concorrente internacional dos gigantes americanos, em particular da Halliburton. É importante entender que a corrupção se combate gerando transparência nos fluxos financeiros, e em particular por parte dos bancos que transferem os recursos e conhecem perfeitamente as fontes e destinos de grandes volumes financeiros. Prender corruptos como exemplo é útil, mas, afora o *show* midiático e a catarse pública, pouco muda, pois, se os mecanismos permanecem, sempre haverá felizes sucessores. Evidentemente, desestruturar as empresas em nome do combate à corrupção, isso quando nenhum grupo internacional – todos praticam as mesmas políticas – é controlado, é profundamente contraproducente para a economia.

Em geral, cria-se uma imagem centrada nos políticos, o que deforma a realidade. Quando o dinheiro passa de uma mão para outra, há duas mãos em jogo. Outra consequência é que as grandes corporações beneficiadas são também grandes anunciantes, e haverá tanto mais anúncios (e apoio aos candidatos) quanto mais a mídia for subserviente. A publicidade é a forma pela qual a mídia obtém a sua parte do sobrefaturamento. Organiza-se a cidade para as empreiteiras, os automóveis e os grandes especuladores imobiliários.[8]

---

8 Para uma apresentação detalhada e bem-humorada sobre como funciona a corrupção no Brasil, veja o pequeno livro *Os estranhos caminhos*

Em termos práticos, o transporte coletivo de massa, que é a solução óbvia para qualquer metrópole, fica estagnado, o que prejudica toda a população. O resultado é uma cidade paralisada, com esgotos a céu aberto que poderiam ser rios que humanizam a cidade, enquanto regiões inteiras ficam inundadas todos os anos. Isso na cidade mais rica da América Latina, que dispõe de excelentes técnicos e institutos de pesquisa. Não são eles que decidem as obras. O Tribunal de Contas da cidade de São Paulo apenas rejeitou uma prestação de contas, a da Luiza Erundina. A grande corrupção é suficientemente forte para gerar a sua própria legalidade. Em 2014, a cidade sofreu com os cortes de água, devidos sobretudo à seca, mas, em particular aos 36% da água que se perde por falta de investimentos na distribuição. Viadutos são mais visíveis do que redes de esgoto e estações de tratamento. A cidade de Paris retomou recentemente o controle da água no município, frente aos desastres da privatização. Veremos esse ponto mais adiante, ao tratar da área de infraestruturas.

Onde a indústria da construção funciona de maneira adequada, não é porque se deixou agir "as livres forças do mercado", mas porque foram criadas fortes instituições de democracia participativa, assegurando transparência e controle por parte da cidadania. Em particular, as novas tecnologias permitem o rastreamento das transferências, bastando para tanto assegurar o livre acesso às transações. Em Londrina, um prefeito disponibilizou, em lugares públicos da cidade, terminais dos computadores da Secretaria Municipal da Fazenda. É o que funciona. Melhor do que tatear no escuro à procura de corruptos, e de apresen-

---

do nosso dinheiro: http://dowbor.org/blog/wp-content/uploads/2018/05/osestranhoscaminhosdodinheiro.pdf.

tar na mídia, para gáudio da população, o eventual incauto que se deixou capturar, é acender a luz. Temos todos os meios informáticos para tanto. A mudança necessária está na geração da transparência.

Não há magia do tipo "mão invisível do mercado": grandes recursos exigem controle e transparência, processos mais democráticos nas próprias decisões econômicas, bem como a geração de capacidade de planejamento a médio e longo prazos, que é o que permite ventilar as opções, submetê-las a debates, e evitar os fatos consumados. O que não impede que, para milhares de pequenas obras realizadas por pequenas empreiteiras locais, seja melhor deixar agir as negociações diretas entre contratantes. Essa dualidade entre gigantes que formam um oligopólio, e milhares de pequenas empresas que podem perfeitamente se regular através do mercado, vamos encontrá-la nos mais diversos setores. Quando os gigantes tentam puxar para si a legitimidade da "competição" e do "mercado", estão escondendo a realidade.

É importante ter claro que muito pior do que o sobrefaturamento e a corrupção que caracterizam as grandes construtoras em tantos países – não é nosso privilégio – é a deformação das prioridades: hoje temos viadutos e marginais para os automóveis, mas o paulistano perde duas horas e quarenta minutos ao dia para ir trabalhar, um custo generalizado para a sociedade, por opções absurdas de transporte, tema que veremos mais adiante.

Algumas sugestões bastante óbvias, na linha do resgate de um mínimo de governança sobre as grandes corporações da construção:

- Acesso transparente aos contratos de grandes obras públicas: as opções de infraestruturas tendo grande impacto para a vida da população, é essencial que as informações sejam abertas;

• Apoio a organizações da sociedade civil especializadas, capazes de fazer as contra-avaliações dos contratos: a discreta negociação entre um político e uma empreiteira deve passar pelo crivo de quem não tem interesse financeiro na negociação;

• Contratação de avaliações por parte dos departamentos correspondentes nas universidades, ampliando a base científica de informações: temos hoje no mundo acadêmico excelentes pesquisadores, e o processo ajudaria a trazer a academia para mais perto do mundo real;

• Retomada das práticas de orçamento participativo, para assegurar a priorização adequada das obras em função das necessidades reais das comunidades: o processo foi em grande parte abandonado, não porque não funcionava, mas porque funcionava.

Indústria de transformação

A indústria de transformação, que produz desde carros a brinquedos e papinhas para bebês, mas também metralhadoras e desfolhantes químicos, além de um sem-número de bugigangas de utilidade duvidosa – vendidas ou empurradas por meio de um massacre publicitário –, constitui uma área onde o mercado, através da concorrência, ainda funciona razoavelmente.

A razão é simples: a concorrência representa, sim, um instrumento regulador importante, ainda que para um conjunto cada vez mais limitado de setores. Como serve de ponto de referência para muita gente, é útil explicitar o mecanismo, como vem no texto de 1776 de Adam Smith.

Um padeiro, pensando no próprio bolso e não na fome dos pobres, produzirá bastante pão, para que o negócio renda. E terá de ser de razoável qualidade, senão as pessoas não comprarão. E se o padeiro cobrar muito caro, poderá aparecer outra padaria na vizinhança, para vender mais barato. Assim, por procurar cuidar dos seus próprios interesses, o padeiro vai assegurar pão em quantidade, com qualidade e preços razoáveis. Apesar dos volumes escritos para refutar o argumento, o fato é que o mecanismo funciona. E funciona porque é muito fácil abrir outra padaria na esquina seguinte. Mas não vai aparecer outra Friboi ou outra Odebrecht na esquina. Falar em liberdade de mercado quando o poder dos agentes econômicos é radicalmente desigual não faz sentido. A razão do mais forte é a que prevalece.

A questão não está, portanto, em saber se esse mecanismo funciona ou não, mas sim em que circunstâncias funciona, e para que produtos. Para já, como vimos nas páginas anteriores, não funciona para recursos de oferta limitada, como terra, água e florestas, ou recursos não renováveis, como reservas minerais. Não vai aparecer mais ébano nas florestas porque o preço no mercado da madeira subiu, nem mais baleias nos oceanos para satisfazer um maior apetite dos japoneses. Onde o mercado funciona, na sua dimensão racionalizadora através da concorrência, é para pão, camisetas, brinquedos, sapatos e outros produtos em que frente ao aumento de preços no mercado, a oferta pode reagir rapidamente oferecendo mais produtos.

O problema é que a indústria tem um papel cada vez mais limitado nas nossas economias. A totalidade da mão de obra industrial nos Estados Unidos não chega a 10% da população ativa, isso incluindo a mão de obra burocrática das empresas industriais. Com a automação que as novas tecnologias permitem, vemos os produtos industriais de consumo de massa abarrotando não só a 25 de Março, mas qualquer mercado equivalente em qualquer parte do mundo. As nossas necessidades, e o peso relativo dos diversos processos produtivos, estão se deslocando para outro tipo de consumo, como saúde, educação e a economia imaterial, onde o mercado simplesmente não funciona, conforme veremos adiante. Aqui queremos marcar o fato de que os produtos industriais, onde a concorrência funciona, são hoje bastante restritos.

Como a concorrência tende a baixar os preços, e com isso também os lucros, os grandes grupos no sistema econômico vigente buscaram mecanismos que têm uma fachada de mercado, mas que funcionam de maneira diferente. Basicamente, o que está mudando as regras do jogo é um conjunto de iniciativas que restringem o acesso aos produtos, o que inverte as vantagens do padeiro de Adam Smith. Aliás, quem tomou um café acompanhado de um salgadinho no aeroporto de Congonhas, pagando 20 reais, deve se perguntar com que matéria-prima são feitos esses produtos. Em economia, chamamos isso de monopólio de localização. O cliente não tem alternativa. A monopolização, ou a formação de oligopólios, tem justamente esta característica central: não temos alternativas.

Os mecanismos para cercear os mecanismos de mercado são inúmeros e criativos, e adotados em inúmeras atividades que se vessem com o manto de respeitabilidade dos "mercados". Para os produtos farmacêuticos temos patentes (vinte anos, nesta era de transformações tecnológicas aceleradas), que permitem manter preços astronômicos porque outras empresas são proibidas de produzir. Para as grandes marcas, temos a proteção legal, o que permite que se venda a 150 dólares um tênis que custou 10 dólares na produção; ou 1.500 reais uma bolsa fabricada no Pari, modesto bairro de pequenos produtores de São Paulo, mas que aparece com uma grife famosa; alguns setores conseguem, através de pressões políticas, restringir as importações, o que permite ao cartel do automóvel, por exemplo, manter preços excepcionalmente elevados no Brasil.[9]

A publicidade tem um papel fundamental. É impressionante, por exemplo, tanta gente da classe média comprar água Nestlé em supermercados, quando qualquer filtro razoável assegura água da mesma qualidade, com custo e impacto ambiental incomparavelmente menores. Pagar *royalties* aos suíços por água brasileira é bastante impressionante. O *marketing* moderno, tendo à disposição os avançados meios de comunicação, assumiu um papel-chave na deformação de atitudes de consumo, ao vender estilo de vida e empurrar mudanças comportamentais.

Haveria uma gigantesca área de oportunidades no fornecimento de informações adequadas ao consumidor, introduzindo transparência onde predomina a manipulação, mas não há recursos para isso, pois o que financia a publicidade é o preço que pagamos no produto. Nesse setor industrial funciona, portanto, o mercado, mas de maneira limitada, mediado por uma máquina mundial que gera o chamado consumismo. O valor gerado para nós,

---

9 Joseph Stiglitz apresenta de forma detalhada a redução do papel da concorrência nos diversos setores da economia, com a formação de oligopólios e liquidação dos mecanismos de regulação pública. *People, Power and Profits*, Norton, Nova York, 2019: https://dowbor. org/2019/12/joseph-stiglitz-people-power-and-profits-progressive--capitalism-for-an-age-of-discontent-w-w-norton-new-york-london-2019-371-p.html/.

curiosamente, é cada vez menos a utilidade do uso do produto, e sim o ato da compra.

Há três eixos suplementares de mudança que devemos levar em conta. Primeiro, a indústria de transformação é a que mais facilmente automatiza os processos produtivos, e, portanto, nunca mais será um grande empregador. Nos EUA, que são uma potência industrial, o operariado que trabalha efetivamente com máquinas em fábricas representa cerca de 5% da mão de obra (10%, como vimos, se acrescentarmos o emprego burocrático na indústria). Segundo, as novas tecnologias também transformam o mecanismo de preços: fabricar livros pode ser mais barato, mas o oligopólio que domina o setor leva a um descasamento radical entre o custo de produção e o preço de venda, deslocando o ponto de apropriação do excedente para o oligopólio de comercialização.[10] As novas tecnologias permitem articulações interempresariais em rede de forma muito ágil, transformando o próprio ambiente que chamávamos de "mercado". Terceiro, as grandes empresas são hoje empresas abertas, em que os acionistas exigem maior rentabilidade no curto prazo, nem que seja às custas da qualidade inferior do produto, da obsolescência programada, do preço exorbitante ou da descapitalização da empresa. Já não estamos no tempo em que teria mais sucesso o produtor que melhor serve o consumidor, competindo elegantemente no "livre mercado".

---

10 Ver o artigo do *Guardian* sobre o processo movido contra a Amazon e os "Big Five", os cinco grandes da edição – Penguin Random House, Hachette, HarperCollins, Macmillan e Simon & Schuster – "que foram acusados de colusão no arranjo dos preços dos *ebooks*, num processo instaurado por uma empresa de advocacia que já moveu com sucesso um processo contra Apple e os Big Five pelas mesma causa 10 anos atrás". https://www.theguardian.com/books/2021/jan/15/amazon-com-and-big-five-publishers-accused-of-ebook-price-fixing.

Algumas ideias podem ajudar a pensar alternativas:

• Gerar uma capacidade de controle efetiva de formação de monopólios e oligopólios, hoje limitada ao CADE inoperante: parece pouco realista, mas até nos EUA está se ampliando o movimento para fragmentar os gigantes corporativos;

• Assegurar políticas de apoio à pequena e média empresa, e as chamadas economias de proximidade, para inverter o processo de desindustrialização do país: a pandemia gerou um movimento planetário de revalorização do conceito de autossuficiência dos países, pelo menos em produtos básicos;

• Assegurar políticas de crédito efetivamente acessíveis às empresas, reduzindo o espaço da agiotagem utilizada pelas principais instituições financeiras: o dinheiro, como vemos na China, tem de ser produtivo;

• Temos de voltar a tributar os lucros e dividendos distribuídos, com particular incidência sobre os dividendos, que constituem rentismo improdutivo: ao ver que ganhar sem produzir é tributado, poderão esses grupos voltar a se interessar por processos produtivos;

• Gerar políticas de apoio ao desenvolvimento local integrado, em particular com complementaridades interindustriais e a economia circular de reutilização: as novas tecnologias também permitem formas descentralizadas de produção, tanto pelas técnicas de produção como pela facilidade de conexão com mercados mais amplos.[11]

---

11 Apresentamos um conjunto de propostas práticas no relatório de pesquisa *Política Nacional de Apoio ao Desenvolvimento Local*: https://dowbor.org/2009/06/politica-nacional-de-apoio-ao-desenvolvimento-local-2009.html/.

- Planejar de forma adequada infraestruturas de transporte, comunicação, energia e acesso a água e saneamento, que podem assegurar "economias externas" para os produtores: produzir mais barato e de forma competitiva depende muito das infraestruturas que dão suporte aos processos produtivos.

***

Sobrevoamos aqui muito rapidamente seis áreas de produção material: agricultura e pecuária, exploração florestal, pesca, mineração, construção e indústria de transformação. Constatamos que de forma geral predominam os mecanismos de mercado, mas que não são suficientes. Uma reorientação básica consiste em passar a utilizar de maneira inteligente e sustentável os recursos não renováveis, pois com quase 8 bilhões de habitantes no mundo, e 80 milhões de pessoas a mais a cada ano, todos querendo consumir mais, estamos beirando a catástrofe. No Brasil, além do desafio da sustentabilidade, temos uma impressionante subutilização dos fatores de produção. Impera a irracionalidade nas grandes escolhas, em que não conseguimos nem o desenvolvimento econômico, nem o equilíbrio social, nem a preservação ambiental. A própria cultura de consumismo obsessivo, empurrada pelos meios de comunicação, nos leva ao colapso.

O caminho é conhecido: mudar o sistema linear, em que esgotamos os recursos naturais, produzimos de maneira não sustentável, consumimos além do que precisamos, e contaminamos o meio ambiente com os resíduos. Temos de evoluir do sistema linear para um sistema circular, em que os resíduos de um ciclo produtivo sirvam de matéria-prima para o ciclo seguinte, evitando tanto o esgotamento dos recursos como a contaminação do planeta.

Ao mesmo tempo, enfrentamos um desequilíbrio profundo entre as formas tradicionais de produção, com muitas empresas pequenas ou familiares, que geram, de longe, o maior número de empregos, e os gigantes corporativos planetários que, por estarem no espaço mundial, não são controlados em lugar algum, e que inundam os mercados mundiais com produtos gerados por quem aceita salários mais baixos, ou cobra menos impostos, ou, ainda, pelo país que for mais tolerante para as transgressões ambientais, provocando a chamada corrida para baixo, com guerras fiscais, desastres ambientais e conflitos sociais. Os grandes grupos deixam pouco para o país onde estão instalados: a geração de emprego é muito limitada, pagam poucos impostos, e penetram a linha de menor resistência dos governos, apropriando-se, pelo peso financeiro das suas atividades, do próprio processo legislativo, e frequentemente do judiciário, desses países.

Uma atenção crescente tem sido dada às relações interempresariais. Nenhuma empresa de carros, por exemplo, vai comprar "no mercado" as peças de que precisa: a linha de montagem depende de um universo de acordos interempresariais de fornecimento de componentes, em que são previamente especificados todos os parâmetros dos produtos. No caso de uma empresa automobilística, tipicamente a montadora administra uma galáxia de cerca de 4 mil empresas fornecedoras situadas frequentemente em diferentes países, com acordos interempresariais vinculantes. Isso nos leva a um sistema que seria mais bem caracterizado como sistema articulado interempresarial, do que "mercado". No mínimo, é um mercado "viscoso" e não fluido, e essas galáxias econômicas, como as chamam os estudos da ONU, passam a ter forte presença política.

Gera-se ainda um sistema interdependente planetário. Quando alguns portos da costa lesse dos Estados Unidos entraram em greve, rapidamente empresas das mais diversas regiões precisaram paralisar a produção, por falta, por exemplo, de um componente que era produzido na Indonésia. Com segmentos da cadeia produtiva espalhados pelo planeta, e minimização de estoques para evitar custos financeiros – estamos na era do *just-in-time* – os riscos sistêmicos do conjunto tornam-se crescentes, levando ao que tem sido chamado de vulnerabilidade sistêmica e de crises que se propagam. A questão aqui não é demonizar, mas entender como evoluem os mecanismos, e gerar os contrapesos necessários. A União Europeia descobrir, em plena pandemia, que precisa importar máscaras da China e o Brasil se dar conta da falta de produção de agulhas para as seringas no momento de começar a vacinação configuram este novo panorama de nações atreladas às multinacionais que esqueceram que o desenvolvimento se planeja.

Mais importante ainda é que as empresas como unidades de organização racional dos processos produtivos se veem crescentemente controladas pelos sistemas financeiros, que envolvem investidores institucionais, *holdings*, bancos e uma diversidade de formas de apropriação e controle por quem não produz, mas extrai. É o caso de grande parte de empresas de capital aberto, mas também das pequenas e médias empresas cada vez mais reduzidas a subcontratadas das grandes corporações. O que chamávamos de "livre mercado" é cada vez mais substituído por pirâmides de controle oligopolizado. Veremos isso mais adiante, ao tratar dos sistemas de intermediação financeira, no quadro do que tem sido chamado de financeirização.

De toda forma, esse universo hoje extremamente diversificado e desigual de produção tem, sim, como base a unidade empresarial, gerida no quadro do direito comercial privado. Em geral, nos referimos a esse universo como "os mercados", ainda que os mecanismos de concorrência sejam cada vez mais restritos no seu funcionamento, passando a predominar os acordos interempresariais e os jogos políticos de poder. Os mecanismos de regulação têm de ser diferenciados: é natural deixar a pequena empresa buscar nichos de demanda insatisfeita, e investir criativamente de acordo com as oportunidades. Essa criatividade é preciosa numa economia. Mas os gigantes que geram impactos sistêmicos em termos sociais, de meio ambiente ou de política precisam de sistemas de regulação muito mais performantes do que as "agências reguladoras" que herdamos, e que são, na realidade, cooptadas pelo poder maior da corporação. As próprias corporações são conscientes da crescente vulnerabilidade do sistema caótico que geraram.[12]

Um apontamento ainda para o caso dos setores em que empresas privadas se apropriam de bens naturais, que não precisaram produzir, como é o caso da terra, dos recursos minerais e semelhantes. A propriedade privada aqui deve servir, como está na Constituição, a objetivos sociais.

---

12 Frente aos desastres planetários, 181 das principais corporações norte-americanas, incluindo Amazon, Google, Johnson&Johnson e outros gigantes, publicaram em setembro de 2019 uma carta de compromissos éticos em cinco pontos, comprometendo-se com objetivos financeiros, sociais e ambientais. Ver a carta original em: http://dowbor.org/2019/10/ladislau-dowbor-a-economia-desgovernada-novos-paradigmas-14-de-outubro-de-2019.html/.

Quando se privatiza a Vale do Rio Doce, os recursos gerados pela exportação, em vez de servir para financiar educação e saúde pelo setor público, por exemplo, passam a ser apropriados por acionistas que enriquecem descapitalizando o país de um minério que não produziram. E nos lembremos de que lucros e dividendos no Brasil são isentos de impostos, desde 1995. A propriedade dos bens naturais precisa ser submetida a regras mais estritas do que a produção manufatureira.

Isso dito, vamos ver outra área de atividade econômica, a das infraestruturas. A verdade é que todo o sistema de unidades produtivas hoje depende vitalmente das redes de infraestruturas, da teia que conecta o conjunto.

AS INFRAESTRUTURAS

Infraestrutura

Transportes

Energia

Telecomunicações

Água

Redes físicas

Setor estatal

Sistemas de planejamento

A área de produção material que vimos antes se organiza essencialmente em unidades empresariais. São dominantemente de propriedade privada, mas é interessante constatar que também nas experiências socialistas a produção material era organizada em unidades empresariais, ainda que de propriedade social. Juntar a atividade de centenas ou até de milhares de pessoas de maneira organizada, com uma precisa divisão interna de tarefas, e com um objetivo claramente definido, é muito produtivo. Pode parecer óbvio, mas é muito importante, e inovações organizacionais têm sido menos colocadas em evidência do que as inovações tecnológicas.

Diferentemente das unidades de produção já vistas, as infraestruturas consistem essencialmente em redes, sistemas que conectam o conjunto dos agentes produtivos. Trata-se essencialmente das *redes de transportes, de comunicações, de energia e de água e saneamento*. Esses quatro setores são essenciais para a articulação do conjunto das unidades produtivas. Imagine-se a economia do país sem energia. Houve um tempo em que cada empresa gerava a sua energia, por exemplo, com máquinas a vapor ou geradores. Gigantes empresariais chegaram a construir as suas próprias ferrovias. Mas, na realidade, para que uma economia funcione, as infraestruturas precisam constituir um tipo de rede de sustentação que assegure a fluidez do conjunto do tecido econômico, inclusive articulando as unidades empresariais.

É importante distinguir entre as infraestruturas e os setores de atividade de produção material visto previamente, pois o seu papel é diferente. A eletricidade tem de chegar a cada máquina, a cada quarto dos nossos quase 70 milhões de domicílios, a cada poste de luz. A água tem de chegar a cada torneira, através de sistemas de captação, grandes adutoras, distribuição intermediária final, e depois canalização, tratamento, eventual reutilização, e assim por diante. São imensas teias que cobrem o país, nas diversas modalidades de transporte, nos diversos sistemas de acesso à comunicação, água e energia.

Trata-se aqui, em geral, de sistemas dominantemente públicos, desenvolvidos de maneira planejada para ter coerência sistêmica, e articulados em redes interdependentes, como vemos no caso das interconexões do sistema de energia elétrica. O seu caráter público pode ser constatado na maioria dos países, e em particular nos países onde funcionam melhor. Não por alguma razão ideológica, mas por tratar-se de sistemas de articulação de todo o território, com visão de longo prazo. Regiões atrasadas, onde não renderia instalar um sistema privado de transportes, são justamente as localidades onde devem ser instaladas com prioridade, para tornar os investimentos mais viáveis e evitar desequilíbrios regionais. O setor público poder realizar investimentos deficitários para facilitar a expansão de atividades econômicas diversificadas faz parte da necessária articulação entre o público e o privado. Nada como abrir infraestruturas de transportes numa região economicamente mais fraca para atrair investimentos e dinamizar a economia local.

As infraestruturas constituem assim serviços públicos por excelência. Quando são apropriadas por grupos privados, resultam, por exemplo, nos absurdos da prioridade ao transporte individual em cidades como São Paulo, como já vimos, porque não se fez os investimentos de acordo com o interesse público. Aqui as privatizações geram os chamados "custos Brasil", pois infraestruturas caras ou inadequadas tornam todas as atividades econômicas mais caras, ao aumentar os custos de todos os setores de atividade.

Transportes

Quando olhamos o mapa econômico e demográfico do país, ficamos impressionados com a dimensão costeira dos nossos principais centros. Se excetuarmos a região de Belo Horizonte, constatamos que quase todas as nossas capitais, de Manaus a Porto Alegre, são cidades portuárias, incluindo aqui, obviamente, o eixo São Paulo-Santos. No caso dos transportes de mercadorias, os custos da tonelada por quilômetro são incomparavelmente mais baixos quando se utiliza o transporte por água, sobretudo no caso de produtos de relação valor por tonelada relativamente baixa, como é frequente no Brasil. A solução óbvia, em termos econômicos, consiste em assegurar um sistema bem desenvolvido de transporte por água.

Com os sistemas modernos de contêineres, de terminais portuários especializados, de articulação dos portos com o sistema ferroviário e de *tagging* eletrônico das cargas, é possível transportar as nossas mercadorias não com custos alguns pontos percentuais mais baixos, mas tipicamente duas ou três vezes mais baratos. O assim chamado transporte de cabotagem, interligação permanente dos diversos portos e regiões com linhas de navios de carga, permitiria, ao baratear as trocas, uma articulação muito mais densa das diversas regiões do país e tornar nossos produtos mais competitivos.

Na visão de um sistema intermodal de infraestruturas de transportes, os portos precisam, por sua vez, ser conectados com grandes regiões do interior, inclusive as mais atrasadas, através de eixos ferroviários, numa malha que assegure não só a conexão das grandes regiões do interior com os centros litorâneos, mas destas regiões entre si. O caminhão e a estrada são, sem dúvida, necessários, mas para carga fracionada e distâncias curtas, redistribuindo, por exemplo, uma carga que chegue a Belo Horizonte por trem para os pequenos centros da região. Utilizar estrada e caminhão para a grande massa de transportes pelo Brasil afora, gastando *diesel* e asfalto, gera custos muito elevados para os produtores do interior. A soja produzida no Mato Grosso do Sul pode ser competitiva ao sair da fazenda, mas chega a Paranaguá, com o ônus do transporte, muito menos competitiva. Os produtores se recuperam aviltando o que se paga aos trabalhadores e aos caminhoneiros.

Os mesmos leitos ferroviários permitem, por seu turno o transporte de passageiros entre regiões. A China tem atualmente 29 mil quilômetros de trens de grande velocidade, a Europa também já construiu a sua malha básica que conecta praticamente todas as capitais. Os Estados Unidos estão construindo os seus primeiros 700 quilômetros. Com uma boa malha ferroviária, o avião passa a ser utilizado para grandes distâncias, enquanto os centros regionais são conectados por trem com trajetos tipicamente de duas horas. Chega-se ao centro da cidade, a uma estação conectada com o metrô. Pede-se aos passageiros, por exemplo em Paris, para uma viagem internacional para Milão, que cheguem pelo menos cinco minutos antes da partida, e não uma hora antes como no aeroporto, sendo que já gastamos mais de uma hora no trânsito. No trem há acesso à internet e vagão restaurante. Para viagens mais longas, trens noturnos com camas. São sistemas públicos. No caso da China, com eletricidade ainda produzida em grande parte com carvão, é até bastante problemático, pelo impacto climático. Mas para um país como o nosso, com sólida base de energia hidroelétrica, sairia naturalmente muito mais barato para todos e muito melhor para o meio ambiente. E economizaria tempo, que é um recurso não renovável de todos nós, além de dinamizar a indústria de produção de equipamentos.

Não há nada de misterioso nesta visão, amplamente estudada, tanto que já aparece no plano SALTE (Saúde, Alimentação, Transporte e Energia) de 1948, e no Plano de Metas de Juscelino Kubitschek. Inclusive, como o país dispõe de aço, de uma ampla infraestrutura siderúrgica, metalúrgica e de mecânica pesada, a modernização dos portos, a criação ou dinamização de estaleiros navais, a produção de trilhos e a construção de ferrovias geraria um estímulo para grande parte do parque produtivo do país, como já se constatou nos programas incipientes dos governos Lula e Dilma.

A dimensão do transporte de passageiros nas cidades espanta igualmente pela irracionalidade das opções. As grandes cidades se encontram praticamente paralisadas. O paulistano médio passa duas horas e quarenta minutos do seu dia no trânsito, numa cidade que para, paradoxalmente, por excesso de meios individuais de transporte. A opção pelo transporte individual de passageiros não se deve, conforme vimos, a qualquer estudo de racionalidade de transportes, e sim à apropriação da política pelos interesses articulados das montadoras e das empreiteiras. Quando há uma grande massa de pessoas a transportar, sai incomparavelmente mais barato utilizar transporte de massa. É bom lembrar que o carro particular fica, em média, parado 95% do tempo, e transporta, em média, 1,3 pessoas.

O carro em si não é um problema, quando usado para lazer, compras da família e semelhantes. O absurdo é utilizar o carro para levar milhões de pessoas mais ou menos às mesmas regiões no mesmo horário. Depois esses carros ficam parados dez horas, entulhando as ruas, e enfrenta-se um novo engarrafamento gigantesco no final do dia. É tão absurdo que parece infantil. E, no entanto, a cidade mais moderna da América Latina, e de nível mais elevado de educação, votou sistematicamente segundo os interesses eleitorais das empreiteiras e das montadoras, cavando túneis e criando elevados e viadutos, como se vários andares de carros fossem alguma solução. São Paulo ostenta

70

os seus ridículos cem quilômetros de metrô. Paris, cidade incomparavelmente menor, tem mais de quatrocentos.

Não é ignorância, tanto assim que as soluções adequadas baseadas no metrô já existem em boa escala desde o início do século passado em muitas cidades. Trata-se da apropriação privada de interesses públicos, através do controle dos Executivos, dos Legislativos e do Judiciário. A solução não está no "mercado", e muito menos na privatização, mas no resgate da dimensão pública do Estado, tirando os interesses corporativos de dentro dos ministérios, dos Legislativos e dos tribunais, e buscando a tão necessária democratização da mídia, que também vive da publicidade dessas corporações, e não informa. A construção de uma matriz coerente de infraestruturas de transporte no país envolve uma visão planejada, sistêmica e de longo prazo, sustentada na sua execução por vários governos sucessivos. A Europa fez, a China está fazendo, por que não nós?

Melhorar as infraestruturas reduz os custos de todos os setores, gerando as chamadas "economias externas", ou seja, economias que são realizadas fora da empresa, e reduzem os seus custos. Ter milhões de carros parados, ou andando em primeira e segunda, gastando combustível e gerando doenças respiratórias, é tipicamente uma opção que torna a vida mais cara – e desagradável – para todos. A opção do metrô, além de mais barata, mais rápida e menos cansativa, usa eletricidade, que não gera nem ruído, nem emissões. Tanto para o transporte de pessoas como o de mercadorias, uma política intermodal e integrada de infraestruturas é indispensável. As opções no Brasil, ditadas por empreiteiras, mineradoras e até por interesses dos *traders* internacionais em *commodities*, e inclusive inte-

71

resses de especulação imobiliária nas cidades, nos levou a uma matriz de transportes irracional e de altos custos. Isso prejudica todos os setores e o conjunto da população.[13]

Aqui também, ideias simples podem ajudar muito, embasadas não em discursos ideológicos, mas no simples estudo do que melhor funciona em diversos países, para as diversas modalidades e usos de transportes:

- É essencial resgatar a capacidade de planejamento público e de longo prazo no Brasil, em vez de ficar dependendo das propostas elaboradas pelas empreiteiras;
- Desenhar uma matriz intermodal coerente de transportes tanto para o transporte de cargas como para o de passageiros, cada modo dando suporte aos outros;
- Retomar a capacidade de planejamento, como já teve a Emplasa, para a integração racional dos modais de transporte nas diversas regiões metropolitanas do país;
- Incluir o tempo que as populações passam no trânsito como custo, para tornar claras as opções intermodais: em São Paulo 7 milhões de pessoas perdem horas diariamente no trânsito, o que representa um custo de dezenas de milhões de reais ao dia;[14]
- Contratar e financiar estudos sobre a otimização de sistemas de transportes com as universidades e centros de pesquisa, gerando uma base informativa mais ampla: as opções de transporte impactam setores muito diferenciados, exigindo estudos interdisciplinares;

---

13 Dados básicos sobre a matriz de transportes no Brasil podem ser encontrados em: https://dowbor.org/2016/05/o-desenho-do-transporte--brasileiro-material-do-roteiro-para-o-video-39-p-2015.html/.

14 Para o custo econômico do tempo, ver a nota técnica: https://dowbor.org/2010/05/o-valor-economico-do-tempo-livre-maio.html/.

• Incluir nos cálculos os efeitos multiplicadores gerados por melhores estradas ou ramais ferroviários conectando, por exemplo, uma região com potencial produtivo, mas relativamente isolada: a melhor conexão torna as regiões mais competitivas, pelo efeito das economias externas que possibilita.

Energia

Em termos de *fontes* de energia, o Brasil é um país privilegiado, mas em termos de *uso* é bastante irracional. E está progredindo rapidamente em termos de *distribuição*. Vejamos primeiro as fontes: a divisão é entre fontes renováveis e não renováveis. As não renováveis representam 54,7% da oferta, sendo 34,4% de petróleo e derivados, 12,5% de gás natural, 5,8% de carvão mineral e derivados, 1,4% de energia nuclear e 0,6% de outras não renováveis. As renováveis representam 45,3% da oferta, sendo 12,6% de energia hidráulica, 8,4% de lenha e carvão vegetal, 17,4% de derivados de cana-de-açúcar e 6,9% de outras renováveis. São dados de 2019, do Balanço Energético Nacional 2020.[15] São cifras fortes, veja-se que o Brasil apresenta 45,3% de energia renovável na sua matriz, enquanto a média mundial é de 13,7%.

A presença da energia renovável hoje tornou-se central pela pressão da mudança climática. Apesar de algumas vozes céticas, amplamente divulgadas pelas grandes associações de produtores de carvão e de petróleo, o fato

15 Dados do Balanço Energético Nacional, BEN, 2019 – p. 18. Ver também a análise que continua atual, por Emílio La Rovere, *Energias Renováveis no Brasil*, Brasileira, Santos, 2011. Ver também: https://dowbor.org/2012/04/alternativas-inteligentes-de-uso-da-energia--2012-9-p.html/.

é que a situação está se tornando crítica no planeta. Ultrapassamos o patamar simbólico de 400 ppm em termos de gases de efeitos de estufa, o que nos leva rapidamente – rapidamente aqui é em poucas décadas – para muito além dos dois graus de aquecimento considerados como limite antes de impactos catastróficos. Este não é o lugar para discutir a mudança climática, e sim o fato de que pela primeira vez a humanidade é desafiada por mudanças estruturais, de longo prazo, e planetárias. E que não dependem de um país individualmente.

Não temos governo planetário – apenas uma sucessão de reuniões mundiais sem poder decisório – e nem cultura do longo prazo. São quase duzentos governos, cada um preocupado com a sua sobrevivência no quadriênio, quando não enterrados em mazelas ingovernáveis, e gigantes corporativos interessados no maior lucro no melhor prazo, conforme vimos na parte dos recursos naturais. Está se gerando um hiato de governança cada vez mais preocupante, entre a dimensão global dos problemas e o nível nacional dos processos decisórios. Basta dizer que a cúpula mundial pelo meio ambiente em Paris, em 2015, levou a um compromisso de se levantar 100 bilhões de dólares anuais para enfrentar a crise planetária, recursos ridículos se comparados com os 20 trilhões que o *Economist* calcula estarem em paraísos fiscais, duzentas vezes mais.

Esperar soluções de autorregulação por parte das corporações não é apenas uma ilusão política, é uma incompreensão de como se dá o processo decisório na chamada governança corporativa. A realidade é que onde há uma política de energia renovável é em razão de forte intervenção de políticas públicas, resultando de dados científicos cada vez mais claros e de uma pressão sistemática das organizações da sociedade civil. No caso da Dinamarca, por exemplo, onde houve amplos investimentos em energia renovável, particularmente eólica, é uma visão política, civilizatória, de proteção da natureza e da humanidade que se tornou o "norte" do processo decisório. Não ficaram esperando "os mercados".

Não é necessariamente ir *contra* as empresas, mas assegurar, sim, parâmetros de regulação e financiamentos que tornem a mudança de rumo viável para as próprias empresas. A democratização da economia significa aqui que os interesses econômicos tenham de coincidir basicamente com os interesses da população, no que tem sido resumido no conceito de desenvolvimento sustentável. A construção desse equilíbrio não virá, evidentemente, sem uma visão de longo prazo, e são os investimentos públicos que podem arcar com os financiamentos subsidiados iniciais, inclusive a pesquisa, além da construção de um plano nacional de recursos energéticos.

Do lado do *uso* da energia, a irracionalidade é profunda. A deformação maior vem da opção de uso de caminhões movidos a *diesel* para transporte de carga em longa distância, em vez da navegação e do transporte ferroviário elétrico, do uso do avião para distâncias médias em vez do trem de grande velocidade, do uso de carros particulares em vez de transporte de massa eletrificado, do uso generalizado de chuveiros elétricos em vez de aquecimento solar – exigindo complementação de termoelétricas para cobrir os picos de demanda. Sem dúvida é importante para a economia, e em particular para as empresas, vender caminhões, carros e chuveiros elétricos, mas são visões de curto prazo que reduzem a competitividade do país ao gerar altos custos disseminados em todas as cadeias produtivas.

As privatizações, aqui, ainda que permitam por vezes maior eficiência gerencial, buscam essa eficiência em termos de resultados para a empresa, e não necessariamente para a sociedade. No Brasil buscou-se uma solução que em termos gerenciais é interessante: a geração continua pública, os grandes investimentos são públicos ou em parceria, mas executados por empresas privadas; a distribuição foi privatizada, e o conjunto deveria se equilibrar através de uma agência reguladora. Compreensivelmente, a guerra para quem controla a agência reguladora é forte, e a visão do interesse público nem sempre predomina. São novas arquiteturas organizacionais em construção. A simples privatização geral, que resulta dos interesses das corporações nacionais e transnacionais de se apropriarem dos lucros, não só seria um desastre como vai na contramão das tendências internacionais. Mas é a tendência predominante.

O que temos de deixar bem claro é que pensar que serão abertos mais ou menos poços de petróleo, construídos mais ou menos ferrovias em função de variações da oferta e procura não faz sentido. O mercado, aqui, como mecanismo regulador, não funciona, e o cálculo econômico tem de ser sistêmico. Quando propagandearam que com a privatização da distribuição da energia elétrica os consumidores poderiam escolher de quem comprar a eletricidade, francamente, isso é brincar com os fatos. Energia não se compra no supermercado. E uma iniciativa como o Luz para Todos, que tirou literalmente da escuridão milhões de pessoas, nunca seria do interesse de um grupo privado, ainda que seja essencial para o futuro das famílias e para a produtividade sistêmica do país.

Um ponto importante, e que preocupa as pessoas, refere-se ao pré-sal: ao optar pelo regime de partilha e não pelo de concessão, ou seja, mantendo a propriedade pública do petróleo; e ao aprovar a lei que destina o grosso dos recursos que serão obtidos para a educação e políticas sociais – um tipo de alavanca para o futuro, em vez de buscar ser uma "potência exportadora" que vende o seu futuro e importa produtos de luxo –, o país tinha tomado rumos de bom senso. Um fator fundamental é que tinha se conseguido evitar a privatização da Petrobras, ficando em mãos públicas não só a empresa como o conhecimento tecnológico, permitindo equilibrar as negociações com o poderoso sistema internacional. Mas pressões internacionais e o golpe alteraram profundamente esse quadro. O petróleo do México foi privatizado em 2014. O desmonte da Petrobrás data praticamente do mesmo período. Na área da energia, sem governo forte, os países são depenados. Alguém imagina a China entregando os seus destinos energéticos a grupos multinacionais?

Aqui também temos de ir além das narrativas apresentadas na mídia comercial, centradas essencialmente no mito de que as empresas privadas são mais eficientes. Trata-se, como vemos no caso da Vale S.A. e da Samarco, de pensar para quem são eficientes. Algumas ideias:

- Resgatar a capacidade de planejamento público integrado do setor energético é essencial, tal como se deveria dar no setor de infraestruturas de transportes;
- Reforçar e recolocar no primeiro plano instituições de pesquisa como a COPPE, da UFRJ, ampliando as pesquisas sobre a matriz energética e as visões estratégicas nesse campo para o país;
- Ampliar o papel dos investimentos públicos de longo prazo no quadro de um plano coerente de produção-transmissão-distribuição de energia;

- Investir na sustentabilidade ambiental do futuro energético do país e na racionalização das formas de consumo: as novas tecnologias aqui têm papel fundamental, e exigem visões sistêmicas e de longo prazo.

Telecomunicações

As telecomunicações trazem a mais profunda e dinâmica transformação social, econômica e cultural das últimas décadas. Pela primeira vez, o mundo inteiro está conectado, e dentro de poucos anos, em que pesem as desigualdades, não haverá um lugar perdido do planeta onde as pessoas não disponham do acesso não só a qualquer pessoa, mas a qualquer instituição e a qualquer unidade de conhecimento, seja texto, seja música, seja imagem. As ondas eletromagnéticas se transformaram no ambiente de comunicação em que o planeta banha. Esse mesmo texto está disponível para qualquer pessoa em qualquer parte do planeta, gratuitamente e com disponibilidade imediata.

Não houve gênio milagreiro. Entre as universidades públicas que desenvolveram o transissor e os microprocessadores, a tela de toque e outras tecnologias do *smartphone* moderno, a NASA que desenvolveu os sistemas de comunicação via satélite, o projeto DARPA do exército americano que gerou os primórdios da internet, o CERN que gerou, com Tim Berners-Lee, o sistema World Wide Web (www) que permite o acesso mundial aberto às pessoas e ao conhecimento, passando pelas empresas que desenvolveram os aplicativos, a genialidade do Jimmy Wales, que possibilitou o acesso gratuito ao conhecimento com a Wikipédia, as empresas que aderem ao que Don Tapscott chamou de Wikinomics, todos contribuem de alguma maneira para essa revolução. Há uma convergência impressionante de contribuições dos mais variados setores.

Gar Alperovitz diz corretamente que se não fossem todas as pesquisas e desenvolvimentos tecnológicos nos mais variados setores, e em particular a pesquisa fundamental nas instituições públicas, o Bill Gates ainda estaria brincando com os antigos tubos catódicos que usávamos nas televisões. E o conjunto, no caso da internet, é administrado por uma instituição sem fins lucrativos, o W3C, consórcio dirigido por Tim Berners-Lee, e que agrupa os grandes atores do processo. São avanços tecnológicos que ao mesmo tempo estão gerando transformações organizacionais.

O fato do sistema W3C ser público, ainda que de direito privado, assegura que qualquer consulta sobre um livro ou sobre uma informação na Wikipédia possa ser feita gratuitamente. Se tivéssemos de pagar a cada pequena consulta, o sistema simplesmente morreria. A lógica econômica por trás da maior contribuição à moderna economia criativa resulta da fluidez geral do sistema que a gratuidade e o acesso aberto permitem, e que o Brasil confirmou em 2014 com a lei da neutralidade da internet.

Hoje, o essencial da comunicação passa por satélites e cabos suboceânicos de fibras óticas. São essencialmente grandes investimentos públicos. Os grandes troncos se afinam até hoje para atingir quase todos os recantos do planeta, preenchendo rapidamente o *apartheid* digital, dos que têm e dos que não têm acesso. Muitas cidades já têm sistemas de WiFi urbano, em que o sinal de internet pode ser captado em qualquer parte da cidade, gratuitamente ou a preço simbólico, assegurando a todos o acesso a esse vetor principal da inclusão econômica, social e cultural que é a informação. É um universo em transformação extremamente acelerada. Temos aqui um poderoso vetor de democratização planetária, mas também ameaças de exclusão e manipulação.

As infraestruturas de comunicação apresentam dois eixos de problemas. O primeiro vem do fato de que os principais nodos da circulação mundial de informação passam pelos Estados Unidos e pela Grã-Bretanha. Ambos aprovaram leis secretas que obrigam os mediadores privados – Google, Microsoft, Apple, Verizon, Facebook e outros – a dar acesso integral ao conteúdo das comunicações. E como quase todas passam pelos dois países, a captação é facilitada. O resultado é um sistema planetário de controle de conteúdos privados, tanto pessoais como empresariais e governamentais, por parte de dois gigantes de segurança, o NSA americano e o GCHQ britânico, que trabalham em estreita colaboração.

Muito se investiu na mídia para minimizar a importância dessa invasão de privacidade. A luta contra o terrorismo parece justificar praticamente tudo, inclusive centros de tortura e detenção ilegal espalhados pelo planeta. Mas em termos econômicos, o fato de empresas americanas ou britânicas poderem acessar as informações da Petrobras sobre o pré-sal antes de fazer as suas propostas, ou ainda as comunicações privadas ou oficiais da Dilma ou da chanceler alemã, Angela Merkel, gera uma mudança planetária de relações de poder, em que grandes corporações passam a utilizar os serviços de segurança e a correspondente capacidade de pressão política para negociar contratos econômicos. Falar aqui em mercado e mão invisível, francamente, não é o caso. O que poderia ser um eixo de democratização e de libertação está se transformando em instrumento de concentração de poder.[16]

---

16 A esse respeito, veja L. Dowbor (Org.), *A sociedade vigiada*, Autono-

O segundo eixo de problemas está ligado à cartelização do uso dos sistemas privados de acesso às comunicações. Trata-se de intermediários que cobram pedágios sobre o acesso ao principal fator de produção da economia moderna, a informação e o conhecimento em geral. Ignacy Sachs resumiu a questão numa frase: no século XX, o poder era de quem controlava as fábricas; no século XXI, é de quem controla a informação. Isso nos coloca problemas metodológicos. Estamos acostumados a que as infraestruturas se refiram a grandes obras físicas, o *hardware* da economia. Aqui, grande parte da infraestrutura não é física, é *software*.

Voltaremos a isso vendo os serviços de intermediação e os problemas gerados pelos diversos tipos de atravessadores. Na dimensão das infraestruturas, o fato é que o imenso avanço que permite o celular e o tratamento eletrônico das informações é em grande parte esserilizado pelo segmento privatizado das infraestruturas. Da minha casa em São Paulo, eu falo pelo Skype com o meu irmão na Polônia praticamente de graça. Mas uma ligação por celular para a cidade vizinha de Campinas gera uma enorme conta no final do mês. Afinal, não são as mesmas ondas eletromagnéticas que carregam a informação?

As ondas eletromagnéticas são da natureza, assim que a sua concessão a determinados grupos privados constitui exatamente isso, uma concessão pública. É o caso não só da telefonia como também da televisão e de qualquer forma de uso de sinal. O implícito na concessão de um bem público é que a empresa forneça um bem público com lucro, sem dúvida, mas com utilidade. No caso, infraestru-

---

mia Literária e Outras Palavras, 2020: https://dowbor.org/2020/10/l-dowbor-org-sociedade-vigiada-autonomia-literaria-2020.html/.

turas proprietárias de retransmissão levam a serviços de altíssimo custo, gerando lucros nababescos – não à toa Bill Gates e Carlos Slim se figuram entre os homens mais ricos do planeta – sem que o cliente tenha alternativa. Quem já tentou pular da Vivo para a Claro, desta para a Tim, e de volta para a Vivo, já notou que se trata basicamente do mesmo sistema cartelizado de altos custos. Como praticamente todo mundo precisa se comunicar, colocar sobre a comunicação de todos uma taxa exorbitante leva naturalmente a fortunas imensas. É a economia do pedágio, infraestrutura privatizada que eleva os custos no Brasil.[17]

Há razões de sobra para que o acesso ao conhecimento seja gratuito. Enquanto as ferrovias ou estradas custam muito dinheiro para construir, ondas eletromagnéticas, estradas onde navegam as unidades de informação, são da natureza. Se não pagamos para andar na rua, também não deveríamos pagar para nos comunicar. Andamos na rua de graça, mas é justamente essa liberdade de transitar que permite que se viabilizem unidades comerciais como uma padaria ou uma farmácia. Estas, por sua vez, asseguram serviços comerciais cujos impostos pagam a construção e manutenção das ruas. As aplicações podem ser comerciais, não o acesso.

As infraestruturas da informação – as chamadas infovias – devem ser gratuitas, ou de pagamento simbólico, o

---

17 Mariana Mazzucato, no seu livro *O Estado empreendedor,* analisa em detalhe as deformações econômicas geradas pelos lucros exorbitantes de corporações oligopolizadas que utilizam tecnologias desenvolvidas com dinheiro público. Ver em: https://dowbor.org/2019/10/mariana--mazzucato-the-entrepreneurial-sate-debunkiong-public-vs-private--sector-myths-anthem-press-new-york-2015.html/; Gar Alperovitz e Lew Daly apresentam os processos extorsivos no livro *Apropriação indébita:* https://dowbor.org/2010/06/apropriacao-indebita-gar-alperovitz-e-lew-daly-ed-senac-sao-paulo-2010.html/.

que permitirá que diversas pessoas ou grupos usem esse fluxo para gerar iniciativas diversas, essas sim com valor comercial. A aplicação do conhecimento gerando serviços úteis à população é que deve ser renumerada, não o próprio acesso ao conhecimento. As experiências de generalização do acesso quase gratuito, como na cidade de Piraí, mostram que a economia é dinamizada, mais do que cobrindo os custos: sai mais barato as pessoas se comunicarem pela internet do que se deslocarem para resolver problemas. Quem viaja são os *bits*.

Por enquanto, os maiores aproveitadores dessas novas tecnologias são as grandes plataformas mundiais, como Google, Apple, Facebook, Amazon e Microsoft, hoje com lucros fenomenais e assegurando as maiores fortunas do planeta (que, aliás, saem do nosso bolso, pelos custos de publicidade incorporados nos produtos que compramos), e os grandes grupos financeiros, já que o dinheiro se tornou imaterial, permitindo um enriquecimento improdutivo no quadro da financeirização. Veremos os dois processos de expansão, das plataformas e dos intermediários financeiros, mais adiante.

Quanto à apropriação de enormes faixas do espectro eletromagnético para uma televisão comercial a serviço do consumismo, francamente, são latifúndios injustificados. Aqui, quando temos um oligopólio privado que controla bens que por natureza são públicos, desperdiçamos um imenso potencial de promoção do desenvolvimento. Voltaremos a esse tema mais adiante, já não na sua dimensão de infraestrutura, e sim na dimensão da gestão do conhecimento.

Estamos dando os primeiros passos nesse processo que gera uma revolução no sentido mais profundo. A conectividade planetária universal e gratuita, aliada ao fato de que o conhecimento tornou-se o principal fator de progresso econômico e social – fator de produção imaterial, e portanto passível de ser disponibilizado gratuitamente em todo o planeta – e ao fato de termos hoje algoritmos de busca que permitem que encontremos no universo ampliado disponível justamente o que precisamos, seja pessoa, seja informação, está gerando um outro sistema de organização econômica e social, que não receio chamar de outro modo de produção. A revolução digital é tão profunda como a revolução industrial. Todos discutimos como o passado se deforma, mas olhamos insuficientemente o futuro que está se desenhando.[18]

Aqui as transformações são demasiado profundas para elencar propostas, são trata de mudanças sistêmicas. Mas alguns pontos de referência podem ser sugeridos:

- Assegurar o acesso público, livre e gratuito ao sinal de internet de banda larga em todas as cidades, como hoje é feito no Brasil apenas nos aeroportos e em alguns municípios: o custo-benefício de se assegurar qualidade do acesso e gratuidade do uso apresenta vantagens impressionantes. Postar um *e-mail* é muito mais barato do que se deslocar até o correio;[19]

---

18 Essa transformação é objeto do meu livro *O capitalismo se desloca: novas arquiteturas sociais*. https://dowbor.org/wp-content/uploads/2020/05/Dowbor-O-capitalismo-se-desloca-Edicoes-SescSP-2020.pdf.

19 Os atrasos e deformações que geram a exclusão digital no Brasil são regularmente apresentados pelo Comitê Gestor da Internet, CGI: www.cgi.br com estudos disponíveis *online*. Em outubro de 2020 a OCDE apresentou uma visão de conjunto no estudo *A caminho da era digital no Brasil*: https://dowbor.org/2020/11/a-caminho-da-era-digital-no-brasil-ocde-2020-254p.html/.

- Generalizar acesso de alta qualidade em toda a rede escolar, organizando a transição para a sociedade do conhecimento que avança: o mundo da educação, na linha do acesso gratuito *online*, de aulas e conferências *online*, está mudando em profundidade;
- Ampliar o controle da invasão de privacidade, *fakenews*, e formas individualizadas de controle das pessoas, na linha dos esforços desenvolvidos na Europa: temos tecnologias de ponta, mas instituições do século passado;
- Retomar o Plano Nacional de Banda Larga, considerando a inclusão digital um direito humano básico, como saúde e educação: conforme salienta a Unesco, a pessoa sem acesso a informação e comunicação moderna têm acesso prejudicado a outros direitos básicos.

Água e saneamento

A água, tal como o espectro eletromagnético das telecomunicações, constitui um recurso natural, base da nossa vida e de todas as formas de vida. É recente a sua transformação em bem econômico, o *ouro azul*, uma referência ao ouro negro que é o petróleo. A água literalmente cai do céu, e para que se torne valor econômico apropriado por um grupo privado, precisa se tornar escassa. Um bem abundante como o ar tem valor de uso, utilidade, mas não necessariamente valor comercial. À medida que a água vai ficando escassa – e hoje cerca de 2 bilhões de pessoas no mundo têm dificuldade de acesso à água –, vai se tornando um bem econômico precioso. Quando a multinacional americana Bechtel obteve em Cochabamba (Bolívia) o monopólio da exploração da água doméstica, proibiu inclusive a captação da água de chuva nas casas. Um bem abundante, como o ar que respiramos, não tem valor econômico. Em Paris, o sistema de abastecimento de água, que tinha sido privatizado, foi remunicipalizado recentemente: um bem de utilidade pública precisa de uma gestão correspondente.[20]

O Brasil é excepcionalmente bem-dotado em água doce: 12% das reservas mundiais. O grosso do uso, cerca de 75%, é para a agricultura. Mas a característica da água é a base de um conjunto de atividades econômicas: turismo e lazer, alimentação, limpeza, meio de transporte, geração de energia elétrica, estética urbana, refrigeração e outros. Junte-se o multiúso e a dinâmica demográfica (quase 8 bilhões de habitantes, 80 milhões a mais a cada ano, só para lembrar), e temos um problema. A explosão do uso na agricultura deve-se à relação entre a necessidade de água e o produto obtido: tipicamente, precisamos de 4 mil litros de água para produzir um quilo de arroz, 20 mil para um quilo de café, muito mais por quilo de carne e assim por diante. Grande parte da guerra em torno dos grãos (essencialmente milho, arroz, trigo e soja) se deve à luta por terra com água abundante. Compram-se depois os grãos, com a água incorporada na sua produção, sob o nome de "água virtual". A água tornou-se uma *commodity* mundial.

A tensão sobre os recursos hídricos se deve a vários fatores concomitantes à pressão demográfica. As geleiras do Himalaia, que alimentam os grandes rios da Ásia e os principais eixos de produção agrícola mundial, estão der-

---

20 Hilary Wainwright coordenou um excelente trabalho, *The Tragedy of the Private,* (a tragédia da privatização), em que analisa a experiência de Paris e outras cidades. http://dowbor.org/2014/07/hilary-wainwright-the-tragedy-of-the-private-the-potential-of-the-public-julho-2014-48p.html/.

retendo rapidamente. As grandes reservas subterrâneas de água, os lençóis freáticos, estão sendo rapidamente esgotados por modernas bombas de profundidade, que bombeiam água em grandes quantidades a centenas de metros. Fred Pearce, no seu livro *When Rivers Run Dry* (Quando os rios secam), conversa com fazendeiros da Índia, que fazem uma segunda safra depois das monções, bombeando água a mais de 300 metros de profundidade. A água não é reposta na mesma proporção da extração. Os técnicos explicam que acrescentam todo ano 1,5 metro de tubo. O resultado, evidentemente, como já se constata em vários países, é o esgotamento das reservas, e as preocupações crescentes no que tem sido chamado de bolha alimentar.[21] No nosso caso, a contaminação dos aquíferos, pelo excesso de produtos químicos na agricultura, representa um drama em câmera lenta.

Para a empresa, diferentemente da agricultura familiar, não há problema, ela migrará para a África, a Europa do Lesse ou outra parte do mundo. Mas para a região que esgotou os seus recursos hídricos é um desastre. O interessante da pesquisa de Pearce é que está falando com pessoas especializadas, que entendem tudo de água e de agricultura. Questionados sobre a sustentabilidade do processo, retrucam simplesmente: "Se não formos nós, serão outros". Isso nos leva de volta ao argumento já visto, de que o sistema de livre concorrência é mortal para recursos esgotáveis. E uma empresa, enquanto o bombeamento acelerado da água profunda lhe render dinheiro, não hesitará em fazê-lo. Se um engenheiro consciente se negar, será substituído ou ignorado. Negócio é negócio.

---

21 Veja a resenha do livro de Fred Pearce em: https://dowbor.org/2006/04/when-rivers-run-dry-quando-os-rios-secam-2.html/.

A governança corporativa ainda está na fase cosmética (*green-washing*).

O dilema, em termos de mecanismos econômicos, é bastante claro. Ganhará mais dinheiro quem chegar primeiro e explorar mais. E explorando mais, deixará o deserto, da mesma forma como empresas de pesca industrial ou de exploração florestal destroem conscientemente não o seu próprio futuro, mas o da sociedade que precisará vitalmente desses recursos. Do lado da oferta é um bem público, no sentido de ser produzido e reproduzido pela natureza, mas em volume limitado, em todo o planeta, com grandes desigualdades de localidade e sazonalidade. E do lado da demanda é um bem essencial, de uso extremamente diversificado, como vimos antes. Que tipo de gestão permitirá o equilíbrio? A Bechtel foi expulsa da Bolívia, a Coca-Cola, do estado de Kerala, na Índia, ambas por adotar formas absurdas de apropriação privada de um bem público essencial. Há limites na apropriação unilateral de toda a água, sobretudo quando consideramos que se trata de um bem que a empresa não precisou produzir. Hoje muitas empresas já consideram a não rejeição social como um dos critérios de viabilidade das suas atividades, além do cálculo econômico tradicional.

Frente aos desafios, dispomos de sistemas estatísticos e de pesquisa que nos permitem acompanhar essa catástrofe em câmera lenta, mas não do poder de regulação correspondente. Quais são os usos prioritários? Quem prioriza o acesso? O mercado, obviamente, não resolve. Quando a Síria instalou sistemas de irrigação, Israel, que compartilha da mesma bacia hidrográfica, simplesmente bombardeou as instalações. Muitos rios já não chegam à sua foz, pois toda a água foi captada a montante por países, regiões, comunidades ou empresas. Isso vale para os grandes rios da Ásia e também para o rio Colorado, compartilhado pelos Estados Unidos e o México. O rio chega ao México, e o leito o atravessa, mas não a água. A empresa que usa irrigação em larga escala por aspersão, ainda que sabendo que o sistema gera um imenso desperdício de água pela evaporação, também sabe que não precisa prestar contas do rio que está secando ou do lençol freático exaurido ou contaminado. E a água para ela é gratuita. A empresa pode mudar de região ou de país, mas a população não.[22]

O caso de São Paulo é igualmente interessante: com uma empresa pública semiprivatizada, que deve gerar lucros para os acionistas, o interesse de vender água é grande, mas não o de tratar os esgotos ou de realizar a manutenção adequada da rede, pois a venda gera lucros, enquanto a infraestrutura significa custos. O resultado é que temos uma cidade muito rica e moderna, que, quando não chove, enfrenta um desconforto elementar, que é a falta de água. As estações chuvosas têm variações naturais, mas uma cidade que tanto investiu em viadutos e outros elefantes brancos perder 36% da água que distribui nos vazamentos, por não investir na manutenção da rede, mostra os absurdos da apropriação privada de um bem público. Inclusive porque os acionistas privados resistiram às restrições do consumo, pois o consumo elevado é que gera os seus lucros, como qualquer empresa produtora de cerveja.

---

22 Elinor Ostrom contribuiu para uma análise em profundidade da gestão da água como bem comum, no livro *Governing the Commons,* trabalho que, entre outros, lhe valeria Nobel de Economia de 2009. No Brasil, organizamos, com Renato Tagnin a coletânea *Administrando a água como se fosse importante,* ed. Senac, 2005: http://dowbor. org/2015/01/ladislau-dowbor-economia-da-agua-jan-2015-6p.html/.

Para evitar as guerras, o vale-tudo e um desastre ambiental, precisamos de uma visão sistêmica e de longo prazo. E para ter intervenções regulatórias que possam ser efetivamente aplicadas, a água deve ser legalmente considerada como bem público, e fortemente regulada. Essa regulação, por sua vez, exige um planejamento participativo em que as diversas partes interessadas possam trazer as suas necessidades e restrições. E as soluções de gestão exigem, por sua vez, inovações em termos de arquitetura organizacional, por exemplo, os comitês de bacia hidrográfica, que reúnem as partes interessadas em instituições públicas de gestão, como consórcios e semelhantes, com a participação de representantes dos diferentes usuários.

Em outros termos, a gestão das infraestruturas de acesso, distribuição, coleta, tratamento e reutilização da água, a dinâmica de priorização, a organização da transparência das informações e o controle das violações passam por inovações institucionais. O Brasil começou uma construção muito interessante no quadro do Plano Nacional de Recursos Hídricos. São os passos iniciais de uma visão de bom senso, na medida em que começou-se juntando os técnicos e pesquisadores que detêm os fatos, com as diversas organizações de usuários e os responsáveis da gestão pública, construindo pactos de uso racional dos recursos. Não há aqui como escapar de processos democráticos de decisão, com forte presença do poder público. Esses passos iniciais têm, obviamente, poucas perspectivas com a erosão da democracia que o país sofre a partir do golpe.

Algumas ideias básicas podem servir de pontos de referência ao pensarmos a racionalização do uso da água, a proteção dos aquíferos e dos mananciais e a produtividade sistêmica do setor:

- Reforçar radicalmente a capacidade de planejamento dos recursos hídricos no país: trata-se de um recurso vital para inúmeras dimensões da nossa vida, e precisamos de uma visão articulada e de longo prazo;
- Restringir drasticamente os desmatamentos da Amazônia e das matas ciliares, que estão preparando uma catástrofe em câmera lenta no Brasil e na região: hoje se conhece bem a que ponto o próprio Sudesse depende dos "rios aéreos" de umidade de origem amazônica;
- Controlar o uso dos agrotóxicos que contaminam os aquíferos: não há tecnologia para descontaminação de águas subterrâneas, e as empresas apenas calculam os custos de produção, ignorando os custos ambientais (externalidades) gerados;
- Organizar os sistemas de gestão participativa por bacias hidrográficas, no modelo aplicado em numerosos países: as melhores experiências consistem em pactos de preservação e uso controlado pelos diferentes usuários, e segundo as especificidades das bacias hidrográficas;
- Ampliar a capacidade de pesquisa e divulgação dos principais desafios ligados à questão hídrica, gerando uma população informada: a Califórnia, que enfrenta desafios dramáticos na questão da água, criou sistemas de informação inovadores;
- Reforçar políticas urbanas de gestão racional dos recursos hídricos, com sistemas públicos descentralizados: a mobilização do interesse imediato das comunidades, que buscam saneamento básico, rios limpos, água de qualidade e outros benefícios, tem demonstrado grande eficiência na racionalização;

- Reforçar a transparência e a produção de balanços ambientais por parte das grandes corporações, em particular no setor agropecuário: não haverá capacidade de equilibrar o uso dos recursos hídricos se as corporações não adotarem comportamentos responsáveis, na linha do ESG (Environmental, Social and Governance) que envolve mudanças na governança corporativa.

***

Vimos aqui brevemente quatro grandes redes de infraestruturas: transportes, energia, telecomunicações e água/saneamento. Voltemos ao argumento inicial, de que as unidades de produção material, as fábricas, as fazendas e outras unidades produtoras, para funcionar de maneira adequada, precisam estar conectadas por essas grandes redes, capazes de assegurar a coerência do conjunto. No caso das unidades produtoras, vimos que predomina a empresa privada, e o mecanismo de mercado, com todas as suas insuficiências, e em particular a fragilização da concorrência nesta era de oligopólios corporativos. No caso das infraestruturas, são redes com sua complexidade e capilaridade, que precisam, para terem coerência sistêmica, de forte presença do Estado, nem sempre na gestão ou execução de obras, mas seguramente no controle geral e planejamento do conjunto, para evitar as deformações absurdas que hoje sofremos, e as ameaças que se avolumam. Aqui a privatização leva à apropriação dos ganhos de produtividade por um grupo (um eixo ferroviário centrado no interesse de um exportador, por exemplo), em detrimento dos ganhos de produtividade para o conjunto da economia (redes articuladas de acesso). Em particular, sistemas privados se pautam pela rentabilidade, privilegiando os que podem pagar, e não as necessidades de um desenvolvimento equilibrado.

É importante salientar que a unidade de produção, a empresa, precisa, sem dúvida, ser bem gerida para reduzir os custos e ser competitiva. Mas grande parte da sua competitividade vai depender da qualidade das infraestruturas, que, por serem de uso comum, de todas as unidades empresariais, e também necessárias para outros usos da sociedade, precisam ser desenvolvidas com essa visão de bem comum. Protestar contra os impostos, e ao mesmo tempo exigir mais estradas, não resolve. Precisamos, sim, melhorar a capacidade de gestão do Estado, e reduzir a apropriação do processo decisório por grupos privados que dissorcem a sua estruturação. A absurda opção brasileira pelo caminhão para transporte de carga e pelo carro individual para transporte urbano e interurbano mostra a deformação que gera uma política orientada pelos interesses de empreiteiras e montadoras.

Não se trata do tamanho do Estado, o próprio conceito de Estado mínimo é ridículo: precisamos, sim, articular tanto o Estado como as formas de participação empresarial e das organizações da sociedade civil em formas inovadoras de gestão social, o que temos resumido com o conceito de planejamento democrático. E temos uma ideia norteadora: não basta sermos de direita e querermos privatizar, ou sermos de esquerda e querermos estatizar. Numa economia diversificada e complexa como é a economia moderna, diversos subsistemas necessitam de formas diferentes e complementares de gestão e de regulação, com mais empresas privadas e mecanismos de mercado no caso das atividades de produção, e mais Estado e sistemas de planejamento no caso das infraestruturas.

SERVIÇOS DE INTERMEDIAÇÃO

Serviços de intermediação

Intermediação financeira

Intermediação comercial

Intermediação jurídica

Intermediação da informação

Redes de conexões

Misto público e privado

Mercado e regulação pública

Retomando, as unidades empresariais "produtivas" tem um funcionamento necessita de redes de infraestruturas para assegurar a coerência e articulação de todo o tecido econômico. Da mesma forma o corpo, que tem unidades funcionais como o coração ou o fígado, precisa de grandes redes de infraestruturas, que são os nervos, as artérias, estruturas e articulações ósseas e assim por diante. Mas as coisas precisam fluir nessas infraestruturas, e para isso a economia dispõe de intermediários, de facilitadores de fluxos, de fornecedores, por assim dizer, de liquidez ao sistema, da mesma forma como no corpo os diversos fluidos asseguram os intercâmbios.

Na economia, feliz ou infelizmente, não faltam intermediários.

95

Eles são necessários, mas podem ser nocivos. Os serviços de *intermediação financeira* (são intermediários, trabalham com o dinheiro dos outros) são importantes para financiar as atividades; os *serviços comerciais* fazem a ponte entre quem quer vender o seu produto e quem o quer consumir; os *serviços jurídicos* indicam as regras do jogo para que as trocas se façam com confiança; os *serviços de informação* asseguram facilidade de coordenação entre os diversos agentes econômicos e sociais.

São necessários, constituem, de certa forma, o lubrificante que facilita as transações. No entanto, são *atividade-meio*, apenas conectam as *atividades-fim*, e quanto mais eficientes forem, onerando menos os processos produtivos, melhor. Mas, quando se tornam intermediários obrigatórios ou formam oligopólios, podem se transformar em atravessadores, pois o mesmo mecanismo que os torna facilitadores pode lhes dar o poder de travar ou de facilitar apenas mediante altos lucros. As atividades-meio constituem custos para a sociedade, e só se justificam na medida em que tornam mais produtivas as atividades-fim, como produção industrial ou saúde: é preciso assegurar que custem menos do que a produtividade que geram. O intermediário pode facilmente se tornar cobrador de pedágio, e travar em vez de agilizar.

Hoje, com as novas tecnologias – a matéria-prima desses setores é basicamente imaterial – e a concentração planetária, as relações de força estão se deslocando. São as duas faces da moeda dos serviços de intermediação. Um despachante portuário adora que a burocracia de liberação de cargas seja inextricável: nada se fará sem ele, que saberá cobrar. Da mesma forma, numa grande loja, o vendedor poderá cobrar juros astronômicos dizendo "eu facilito", utilizando a complexidade dos juros e a simplicidade aparente da prestação que "cabe no bolso". Nesta área, estamos buscando novos equilíbrios, pois impera o caos: os mecanismos de regulação não acompanharam os avanços tecnológicos. Viramos, de certa maneira, um país de despachantes. No telefone, você vai ouvir que a sua ligação é muito importante para um misterioso "nós".

Intermediação financeira

Esse setor conheceu nas últimas décadas uma expansão vertiginosa. Com efeito, o dinheiro se desmaterializou, passou a ser representado apenas como sinal magnético na nossa conta ou no nosso cartão. Por outro lado, somos todos obrigados, queiramos ou não, a utilizar os serviços de intermediação financeira, para guardar e aplicar as nossas poupanças, fazer os nossos pagamentos, receber o salário ou o valor da venda de um produto e assim por diante.

O que se conhece menos é o poder que esse sistema gerou. Com a crise financeira global de 2008, cujos efeitos ainda sentimos em 2021, se não houve soluções, pelo menos houve um avanço forte de explicitação dos mecanismos, através das pesquisas que buscaram entender a crise.

O estudo mais amplo veio do Instituto Federal Suíço de Pesquisa Tecnológica (ETH na sigla alemã), que pesquisou como funciona a rede global de controle corporativo. Chegaram a números impressionantes: no planeta, 737 grupos controlam 80% do sistema corporativo, sendo que nesses um núcleo de 147 corporações controla 40% do total. Desses 147 gigantes de controle econômico planetário, 75% são instituições financeiras. Ou seja, não é mais quem produz arroz, ou quem produz fogões, ou constrói um hospital que manda na economia, e sim os intermediários financeiros. Jamais houve no planeta tal grau de concentração de poder econômico, e jamais nesse núcleo de poder houve tal concentração numa atividade particular. Quando, com a crise de 2008, os governos encontraram em poucos meses trilhões de dólares de dinheiro público para repassar para os grupos privados que tinham se aventurado em especulações irresponsáveis, essa manifestação de poder político espantou mesmo os mais informados. E a facilidade com a qual a conta foi repassada para as populações, sob forma de redução de políticas sociais, salários e outros direitos, ainda que tivéssemos presenciado numerosas manifestações de protesto pelo planeta afora, também espanta.

Os mecanismos de apropriação de tanto dinheiro público por grupos privados não são muito complexos. No caso das transferências de dinheiro dos governos para os grupos financeiros, tratou-se de uma mensagem simples: "Se nós quebrarmos, todos quebram. Portanto, paguem". Mas no funcionamento cotidiano fora dos momentos de crise, no chamado *business-as-usual*, os mecanismos são um pouco mais sofisticados.

A alavancagem permite ganhar dinheiro em cima de um dinheiro que não se tem. Se um banco remunera a minha poupança, por exemplo, a 8% ao ano, e empresta esse meu dinheiro a 24%, ganha sobre a diferença. Quando o banco empresta para mais pessoas, muito além das poupanças depositadas, é um pouco mais arriscado, mas sabendo que as pessoas raramente retiram efetivamente o dinheiro do banco, a instituição empresta dinheiro que não tem: vai receber 24% de juros sem pagar os 8% de remuneração da poupança. É lucro líquido. Nada de muito novo aqui, nada que os banqueiros de Veneza do século XVI já não conhecessem. O problema é que com a moeda virtual – sequer precisa ser em papel, são sinais magnéticos – a facilidade é muito grande. O *Lehman Brothers*, um dos maiores bancos mundiais, emprestou 31 vezes mais dinheiro do que o que tinha em caixa. Custo zero, juro cheio, lucros fenomenais. Mas bastou alguns clientes quebrarem e irem buscar o dinheiro para o gigante financeiro planetário ruir. Ganha-se muito com a alavancagem, com dinheiro que não se tem, apresentando apenas o luxo das instalações e uma boa conversa, mecanismo apresentado de maneira bem sistematizada no filme *Trabalho interno*.

Outro mecanismo interessante é o *carry-trade*, em que grupos financeiros mundiais – lembremos que não existe nada parecido com um banco central mundial, apenas uma instituição de poderes ridículos em Basileia, o Banco Internacional de Compensações, o BIS – pegam, por exemplo dinheiro emprestado a 1% ao ano no Japão, e o aplicam em títulos da dívida pública brasileira que pagava muito mais. Jogando sobre as diferenças de taxas de juros, sem sair do computador em Genebra, grandes grupos mundiais realizam gigantescos lucros, gerando uma volatilidade mundial de fluxos financeiros que não têm por trás nenhuma atividade econômica real. Chamam isso, generosamente, de "os mercados".

Há outros mecanismos, como o *High-Frequency Trading*, sistemas pré-programados para computadores realizarem compras e vendas de papéis em grande escala e em frações de segundos, por meio de algoritmos complexos, ou a *arbitragem* que trabalha sobre pequenas diferenças de preços, segundo os mercados, e outras técnicas semelhantes. O que esses diversos mecanismos têm em comum é o fato de ter-

-se gerado um setor de atividades preocupado apenas com o valor dos papéis, profundamente divorciado dos interesses dos agentes econômicos produtivos. E o valor dos papéis, por sua vez, depende muito mais das intenções especulativas dos agentes, do que da base mais ou menos sólida da própria economia. As três grandes agências de avaliação de risco, Standard & Poor, Moody's e Fitch, que fazem parte do sistema de geração de tendências, são financiadas pelos próprios grupos avaliados. A Lehman Brothers era apresentada como muito saudável até a véspera da falência, como aliás, foi o caso das Enron. É tudo, de certa forma, em família.

Essa financeirização do sistema econômico mundial, em que grupos especulativos, em vez de se apropriarem diretamente dos bens e serviços que a humanidade produtiva gera, se contentam em emitir papéis que lhes dão direitos sobre esses bens e serviços, constitui um elemento central da desorganização econômica planetária, e faz com que intermediar papéis seja incomparavelmente mais lucrativo do que enfrentar o penoso labor de produzir sapatos ou arroz. Formou-se uma classe de rentistas, bilionários que lucram simplesmente com o trabalho dos outros.

Como ninguém consegue imaginar o que é 1 bilhão de dólares, por exemplo, é útil explicitar: esse bilhão, aplicado em papéis que rendem modestos 5% ao ano, gera para o bilionário 137 mil dólares ao dia. Sem precisar produzir nada. Como os lucros sobre as aplicações financeiras são muito superiores ao ritmo da evolução do PIB, gera-se uma bola de neve de desigualdade crescente, processo avaliado em detalhe por Thomas Piketty, no seu trabalho *O capital no século XXI*.[23]

---

23 Para o desenho dos principais aportes do Piketty, vejam: http://dowbor.org/2014/07/ladislau-dowbor-pikettismos-relexoes-sobre-o--capital-no-seculo-xxi-julho-2014-17p.html/.

No Brasil temos três mecanismos básicos. O primeiro consiste no *cartel de bancos comerciais que cobram juros astronômicos*. Não é difícil, pois são poucos bancos, e se põem de acordo, formalmente ou não, para cobrar esses juros. Cartel é crime, está na nossa constituição, mas o CADE, a instituição do governo encarregada de controlar cartéis, simplesmente não tem a força correspondente para impor a lei. Tipicamente, no Brasil, os bancos cobram ao mês o que no resto do mundo se cobra ao ano. O resultado do cartel é que o cliente não tem escolha: ainda que troque de banco, os juros e tarifas que paga serão essencialmente iguais, e fixados em níveis surrealistas. Foi o sistema que se adotou ainda nos anos 1990 para devolver aos bancos o que antes ganhavam com a inflação. Esses lucros bancários naturalmente não servem para fomentar a economia, são lucros financeiros, aplicações em papéis, e desviados das atividades produtivas. Em grande parte, serão aplicados em títulos da dívida pública do governo, remunerados pela Selic.

O segundo consiste justamente no *sistema Selic*. Para dar um exemplo, no momento em que Lula assume em 2003, a taxa Selic estava em 24,5%. Essa era a remuneração anual que o governo pagava aos bancos que aplicaram as nossas poupanças em títulos do governo, formando a chamada dívida pública. Como o banco remunera as nossas poupanças quando muito a 8% ao ano, a diferença é embolsada pelos bancos. Ou seja, o poupador recebe 8% ao ano pela sua poupança, mas precisa desembolsar, através dos impostos, o dinheiro que o governo vai transferir para os bancos, através do chamado *superávit primário*, uma punção impressionante sobre os recursos públicos, da ordem de 300 bilhões a 400 bilhões de reais ao ano. Os sucessivos governos Lula e Dilma foram baixando essa taxa, reduzindo a porcentagem paga sobre a dívida pública, mas com um estoque da dívida que continua a crescer. A dimensão da dívida acumulada explica que mesmo com a redução mais recente da taxa Selic, a transferência dos nossos impostos para o Estado tenha sido da ordem de 310 bilhões tanto em 2018 como em 2019. A cada ano, mais de dez anos de Bolsa Família, que é da ordem de 30 bilhões de reais. Em 2020 a taxa Selic foi reduzida, mas as transferências de dinheiro público para os bancos continuam em nome do combate à pandemia, em volume muito superior.[24] É mais dinheiro desviado das atividades econômicas, armadilha politicamente muito resistente, provocando um vazamento permanente dos nossos recursos e fragilizando a capacidade de investimento do Estado.[25]

Um terceiro mecanismo importante é a *evasão fiscal*, através dos chamados paraísos fiscais. Com a crise financeira mundial de 2008, passaram a sair os números da finança ilegal, por cruzamentos internacionais de fluxos, que por vezes são registrados na saída, por vezes na entrada, permitindo hoje estimativas razoavelmente confiáveis, dentro dos limites da pesquisa sobre dinheiro clandestino. A principal pesquisa foi coordenada por James Henry, em 2012, no quadro da Tax Justice Network dos Estados Unidos, e chegou a

---

24 O dinheiro era para ser repassado sob forma de crédito para empresas e famílias, mas, afora os seiscentos reais temporários repassados, o dinheiro ficou, nos termos de Paulo Guedes, "empoçado" nos bancos. Estamos falando de recursos que beiram o trilhão de reais, cerca de 12% do PIB.

25 Para o detalhe da apropriação de recursos públicos por meio da dívida, vejam a nota técnica *Contas públicas: entenda a farsa,* disponível em: https://dowbor.org/2020/05/l-dowbor-contas-publicas-entenda--a-farsa-a-terra-e-redonda-maio-2020-5p.html/.

um volume de recursos em paraísos fiscais situado entre 21 e 32 trilhões de dólares, portanto entre um terço e metade do PIB mundial. O *The Economist* adotou a cifra redonda básica de 20 trilhões de dólares. Os dados para o Brasil são da ordem de 520 bilhões de dólares, um pouco mais de 25% do PIB do país. Não são os fluxos anuais, e sim o estoque de recursos brasileiros colocados em paraísos fiscais, e administrados por grandes bancos como HSBC, Goldman & Sachs e semelhantes. O dinheiro fica em paraísos fiscais, onde não se cobram impostos, mas é administrado em Delaware, Miami e Londres, as três principais praças financeiras desse tipo de dinheiro segundo o *The Economist*. No organograma do BTG Pactual apresentado pelo *Valor Econômico* contamos 38 filiais em paraísos fiscais.[26]

Hoje o dreno se deslocou com maior força para os juros sobre pessoas físicas e pessoas jurídicas. Se juntarmos o dreno dos nossos recursos através dos juros e tarifas cobrados pelos bancos, a evasão fiscal e as transferências de dinheiro para os paraísos fiscais, não há dúvida de que atualmente o sistema de intermediação financeira, longe do seu papel original de fomentador de atividades econômicas, gera um impacto de esserilização de poupança. Alimenta o sistema especulativo internacional e trava as atividades econômicas. O sistema é apenas parcialmente nacional, pois está interligado a todo o sistema especulativo planetário. Qualquer restrição a essa máquina de lucros financeiros provoca reações duras, inclusive através da mídia econômica mundial e da grande mídia comercial

---

26 Para o organograma do BTG Pactual, ver: https://dowbor.org/2019/04/l-dowbor-de-onde-vem-o-nosso-super-ministro-da-economia-6p.html/.

brasileira. É uma máquina de poder, que nos leva de volta aos 147 grupos que vimos anteriormente.[27]

Em termos de regulação mundial, estamos aqui numa confusão total. O sistema de leis que regulava o mercado financeiro, instalado ainda como resultado da crise mundial de 1929, foi totalmente desmantelado durante os governos Reagan e Thatcher. A base tecnológica, que permite que o dinheiro e outros papéis tenham se tornado virtuais, com tremenda volatilidade, também tornou o planeta tributário de alguns gigantes mundiais. O desafio, portanto, não está apenas em definir um marco regulatório, mas também de conseguir força política para que seja aprovado e implementado, como se vê hoje com a Lei Dodd-Frank, nos Estados Unidos, gradualmente diluída pelas corporações financeiras, com o auxílio do Partido Republicano.

O sistema financeiro deixou de cumprir simplesmente a sua função econômica básica: tornar produtivas, através de investimentos, e não de aplicações em papéis as iniciativas dos agentes econômicos. O Brasil, que navegou de maneira relativamente competente através da crise de 2008, foi parcialmente protegido pelo setor financeiro público que escapou das privatizações e que manteve o financiamento produtivo. A Alemanha navegou melhor na crise em grande parte pelo fato de 60% das poupanças serem administradas por pequenas caixas locais de poupança, que financiam empresas e iniciativas locais. A Polônia tem aproximadamente 470 bancos cooperativos, que

---

27 Detalhamos esses mecanismos no pequeno livro *Os estranhos caminhos do nosso dinheiro* (Fundação Perseu Abramo, 2014); os mecanismos da crise financeira de 2008 estão em *A crise financeira sem mistérios*; a organização do poder corporativo mundial está descrita em *A era do capital improdutivo*. Os textos podem ser encontrados na íntegra em: http://dowbor.org.

invessem o dinheiro segundo necessidades da economia, e não dos banqueiros.

No Brasil, o oligopólio financeiro gerou um sistema de agiotagem simplesmente grotesco. Juros escandalosos permitiram drenar a economia produtiva, tanto a capacidade de compra das famílias como o financiamento empresarial e a capacidade de investimento do Estado, em volume próximo de 20% do PIB. Apresentamos em detalhe esse processo no capítulo 12 do nosso *A era do capital improdutivo*. Nenhuma economia pode sobreviver com um vazamento improdutivo desse montante, e a recessão dos anos 2015 e 2016, seguida da paralisia atual, tem aqui a sua raiz. A *Forbes* apresentou em 2019, em edição especial, os bilionários do país. Eram 74 em 2012, com fortuna acumulada de 346 bilhões de reais. Em 2019 tinham subido para 206, com fortuna acumulada de 1.206 bilhões. Nessa lista, contam-se nos dedos capitalistas produtivos: são bancos, fundos, *holdings* financeiras, participações acionárias e semelhantes. Entre março de 2018 e março de 2019, aumentaram as suas fortunas em 230 bilhões. O Bolsa Família, tão apontado como fonte de déficit, representa 30 bilhões. Um Joseph Safra, em doze meses aumentou a sua fortuna em 19 bilhões de reais. Note-se que lucros e dividendos distribuídos no Brasil não pagam impostos.

A pandemia apenas agravou o processo. No Brasil, segundo a *Forbes*, entre 18 de março e 12 de julho de 2020, 42 bilionários brasileiros aumentaram as suas fortunas em 34 bilhões de dólares, equivalentes a 180 bilhões de reais. Em cerca de quatro meses, com a economia em queda, 42 pessoas se apropriaram do equivalente a seis anos de Bolsa Família, sem precisar produzir – são aplicações financeiras, não investimentos produtivos – e sem pagar impostos. O sistema se tornou simplesmente grotesco. Maria da Conceição Tavares escreve a esse respeito: "O Brasil virou uma economia de rentistas, o que eu mais temia. É necessário fazer uma eutanásia no rentismo, a forma mais eficaz e perversa de concentração de riquezas... Rendemo-nos à financeirização, sem qualquer resistência."[28]

Marjorie Kelly e Ted Howard chamam esse sistema de "*extractive capitalism*", Martin Wolf, economista-chefe do *Financial Times* escreve que o sistema "perdeu sua legitimidade", Zygmunt Bauman o chama de *capitalismo parasitário*, Joseph Stiglitz clama por "*new rules*", novas regras, Thomas Piketty desmonta, no *Capital e ideologia*, as absurdas narrativas de que é positivo para a economia o enriquecimento dos ricos, pois seriam produtivos. O que foi um dia uma função produtiva dos intermediários financeiros, agrupando poupanças para financiar empresas, fomentando a economia, se inverteu. Como dizem os americanos, hoje "*the tail is waiving the dog*", o rabo abana o cachorro. É realmente um capitalismo extrativo, em que o rentismo dos juros e dividendos superou amplamente o lucro capitalista sobre atividades produtivas.

É essencial também lembrar que hoje o dinheiro material, notas impressas por governos, representa cerca de 3% da liquidez, no essencial são simples anotações magnéticas em computadores, e que, com o *high-frequency trading*, permitem fluxos planetários descontrolados, enquanto os bancos centrais são nacionais. O descontrole é sistêmico, e exige acordos globais. As propostas iniciais ainda estão

---

28 Maria da Conceição Tavares, *Outras Palavras*, 18 de janeiro de 2021: https://outraspalavras.net/outrasmidias/conceicao-tavares-restaurar-o-estado-e-preciso/.

em negociação no quadro da Organização para a Cooperação e Desenvolvimento Econômico (OCDE).

A regra é simples: o dinheiro deve ficar próximo de quem pode fazer algo útil com ele. E regras estritas sobre a especulação são indispensáveis. A intermediação financeira, quando permite que grupos privados, com aplicações financeiras (diferentemente de investimentos produtivos) façam o que querem com o dinheiro dos outros, ou ainda emitam dinheiro para ganhar com o que não têm, simplesmente não funciona. O Estado aqui é indispensável, e não só como regulador, mas como fornecedor de serviços financeiros que permitam introduzir concorrência e racionalidade no sistema.[29]

As propostas que podem ser feitas nessa área estão pendentes de uma mudança de relações de força na economia: as corporações financeiras hoje controlam em grande parte a política. Mas é útil, sim, mostrar que um sistema funcional – e isso significa funcional para a economia, não para os grupos financeiros apenas – é perfeitamente viável. Aliás, a China mostra o nível de produtividade que é possível quando os juros são controlados e os créditos orientados para fomentar a economia:

---

29 A intermediação financeira se tornou hoje o principal fator de travamento da economia. Para os dados e o mecanismo detalhado, ver: *A economia desgovernada: novos paradigmas*: https://dowbor. org/2019/10/ladislau-dowbor-a-economia-desgovernada-novos-paradigmas-14-de-outubro-de-2019.html/. Hoje temos um manancial de estudos sobre como resgatar o papel produtivo dos recursos financeiros, com Joseph Stiglitz, Ellen Brown, Michael Hudson, Marjorie Kelly, François Chesnais, Thomas Piketty e tantos outros. A financeirização e o rentismo improdutivo estão no centro das análises do travamento econômico que vivemos. Ver resenhas sobre os trabalhos dos autores mencionados em: www.dowbor.org em "Dicas de Leitura".

- Assegurar uma pequena taxa sobre transações financeiras, tanto nacionais como internacionais, menos para levantar recursos do que permitir que os fluxos deixem rastros (*traceability*), permitindo gerar transparência: uma luta antiga que continua relevante;
- Voltar a cobrar, no Brasil, impostos sobre os lucros e dividendos distribuídos, absurdamente isentados desde 1995. Um professor universitário paga no Brasil 27,5% de imposto sobre o seu salário, os 20 bilhões que Joseph Safra ganhou em fortuna pessoal entre 2018 e 2019 são isentos: cobrar impostos sobre fortunas paradas pode estimular os bilionários a fazerem coisa útil com os recursos;
- Assegurar o controle das transações financeiras nos bancos, exigindo efetividade pelos departamentos de *compliance* que nada controlam: hoje existe uma grande opacidade sobre os fluxos financeiros, inclusive favorecida pelo dinheiro imaterial e a rede de paraísos fiscais;
- Restaurar o artigo 192º da Constituição, que, em 1988, colocou um teto legal aos juros cobrados, tornando ilegal a agiotagem, hoje generalizada nos bancos e no comércio: os bancos fizeram uma guerra para liquidar o artigo, e tiveram sucesso;[30]
- Introduzir o estudo dos mecanismos econômicos nos sistemas de ensino, de forma a permitir um contrapeso de pressão popular ao caos financeiro instalado no país: os bancos trabalham com dinheiro dos clientes, não deles, precisam ser responsabilizados, mas en-

---

30 Hermes Zaneti, no seu livro *O complô*, 2017, detalha a luta dos bancos para neutralizar o artigo 192º da Constituição e liberar, assim, a agiotagem: https://mail.google.com/mail/u/0?ui=2&ik=4dd873709b&attid=0.1&permmsgid=msg-f:1686065191488659132&th=17661b5b-c6d51ebc&view=att&disp=inline&realattid=1765e9ecf11a372a3191.

quanto houver uma incompreensão generalizada da população sobre como funcionam os juros e as aplicações financeiras, o sistema continuará descontrolado;

• Resgatar o papel do Banco Central como órgão regulador, hoje simplesmente apropriado pelos grupos financeiros: no Brasil (e em muitos países) os banqueiros controlam o próprio Banco Central, tornando fictícia qualquer regulação efetiva, em particular relativamente aos grandes fluxos financeiros;

• Expandir as chamadas finanças de proximidade, caixas de poupança locais, como existem, por exemplo, na Alemanha ou recentemente autorizados na Califórnia, para que as poupanças sirvam ao desenvolvimento das próprias comunidades: o Brasil já tem 118 bancos comunitários de desenvolvimento, muito frágeis, e bancos cooperativos, que podem apontar para o resgate das comunidades e dos produtores sobre as suas poupanças.

Intermediação comercial

Insistimos aqui nos comentários sobre o sistema financeiro, pela sua centralidade nos mecanismos econômicos atuais, e pelo seu papel na desorganização econômica em geral que impera no país. É bom lembrar que boa parte da incompreensão das pessoas surge da confusão entre aplicação financeira e investimento. Investimento é quando se gera um empreendimento, que produzirá bens ou serviços, gerará empregos, atividades econômicas fins, que, por sua vez, produzirão um excedente que permitirá restituir o empréstimo com os juros correspondentes. É o investimento que corresponde ao processo de acumulação de capital.

Quando se compra papéis – qualquer título que o nosso gerente de banco nos propõe –, está se fazendo uma aplicação financeira. Essa aplicação poderá eventualmente gerar um investimento por parte de alguém, mas, em si, houve apenas mudança de nome de um papel por outro, não se gerou nenhum produto, nenhum emprego. Por isso, os bancos insistem em chamar todas as atividades com papéis de "investimento", soa melhor. Em francês, se distingue claramente *placements financiers* e *investissements*. Em inglês, não existem os dois conceitos, tudo é *investment*, o que aprofunda a confusão, e dá aos que ganham com papéis em Wall Street uma aparência mais nobre. O jornal *The Economist*, tentando fazer a distinção, teve de recorrer à curiosa expressão *speculative investments*, investimentos especulativos, para se referir a aplicações financeiras, diferentes de *productive investments*.

O impacto é simples: quando alguém ganha com papéis mais do que o que gera de riqueza na sociedade, está simplesmente se apropriando do esforço dos outros. Quando se gera toda uma classe que vive dessa maneira, a classe dos rentistas, temos um problema. E quando essa classe se torna suficientemente poderosa para controlar governos e o processo legislativo, temos grandes problemas, e uma sucessão de crises.

O poder dos intermediários financeiros casa de forma bastante próxima com o dos intermediários comerciais. Analisando o grande sistema mundial, é bom ter a imagem do comportamento das *commodities*, essencialmente petróleo, grãos, minerais metálicos e não metálicos. Basicamente, hoje dezesseis empresas, chamadas de *traders*, controlam todo o comércio do que constitui o sangue da economia mundial. Nenhuma delas usa propriamente os produtos, em geral nem os produz, apenas assegura a sua intermediação. Empresas como BlackRock, Vitol, AMD, Cargill, Glencore, Trafigura, Koch e outras, na maioria pouco conhecidas, manejam imenso poder. Um artigo de Joshua Schneyer, para a *Reuters*, dá a ficha de cada um desses gigantes. Muitos deles estão presentes no Brasil. É um mercado de intermediários, não de produtores ou consumidores. É na intermediação que se gera o lucro, o grande lucro.[31]

O mecanismo é simples. Com oferta abundante de petróleo, por exemplo, a Koch Industries compra barato grandes quantidades de petróleo, que estoca em seus navios e portos. Os que usam petróleo, países ou empresas, prevendo dificuldades de abastecimento, compram no mercado de futuros – uma empresa aérea precisa saber quanto vai custar o seu combustível com meses de antecipação para calcular seus preços – o que eleva os preços do combustível nesse mercado. A Koch compra na baixa, provoca, junto com outros grandes *traders,* uma forte diferença entre o preço atual e o preço meses adiante, situação que chamam de *contango* no seu jargão, e ganha tipicamente 10 dólares por barril, sem produzir rigorosamente nada.

Quanto mais instabilidade conseguem gerar no mercado de *commodities*, mais ganham nesse jogo. Nos jornais aparece como variação de preços causada, por exemplo, pela China, que estaria consumindo mais petróleo, ou argumentos do gênero, o que é, evidentemente, uma boba-

---

31 Joshua Schneyer, *The Trillion Dollar Club, Reuters,* 2011: http://dowbor.org/2013/09/joshua-schneyer-corrected-commodity-traders-the-trillion-dollar-club-setembro-201319p.html/. No livro *A era do capital improdutivo,* o capítulo 7 apresenta o detalhe de quem são os grandes *traders:* https://dowbor.org/wp-content/uploads/2012/06/a_era_do_capital_improdutivo_2_impress%C3%A3oV2.pdf.

gem. Não é, conforme vimos no caso da mineração, por variações de oferta e demanda que em poucos anos o petróleo pode variar entre 18 dólares e 145 dólares o barril. Na realidade, esse sistema gera fluxos especulativos sobre produtos, com papéis como opções de compra e outros derivativos. O volume mundial de petróleo efetivamente comercializado e entregue é da ordem de 95 milhões de barris por dia, com poucas variações. O que é negociado pelos *traders* ultrapassa 3 bilhões de barris por dia. Os derivativos emitidos (*outstanding derivatives*), contabilizados pelo Banco de Compensações Internacionais (Bank of International Settlements – BIS) ultrapassam 600 trilhões de dólares, cerca de nove vezes o PIB mundial. A financeirização e a cartelização comercial vão de mãos dadas.

O interessante é que, quanto mais instável o mercado, mais os agentes econômicos que, afinal, precisam do produto são obrigados a recorrer ao mercado de futuros, pagam mais caro, mas pelo menos garantem um patamar de preços que permite o planejamento. Esse mecanismo é utilizado para o conjunto das grandes *commodities*, produtos que entram em praticamente todos os processos produtivos. Regularmente processadas e condenadas por práticas antimercado, essas empresas sustentam *lobbies* poderosos em Washington e outros centros de decisão política. A Koch Industries gasta com esse tipo de manipulação política mais de 100 milhões de dólares por ano. É um dos grandes financiadores do Tea Party, agrupamento de direita norte-americano. As condenações se resolvem com acordos que estipulam multas sem necessidade de reconhecer a culpa (*settlements*).

Chamamos isso de "mercados", mas são mecanismos totalmente diferentes do sentido original de mercado baseado em livre concorrência e que o melhor ganhe. São baseados no *cornering*, onde os preços são criados por poucos atores. Não "obedecem" às leis do mercado, eles as fazem, são os chamados *market makers*. Adoram se referir às leis do mercado, mas não as usam. É simpático fazer parecer que são submetidos, democraticamente, às mesmas regras que todos, e que ganham dinheiro simplesmente porque seriam mais eficientes. Estão quase todos sediados na Suíça, ao abrigo da luz.

O impacto, naturalmente, é que os países de origem recebem pouco pelo produto, e os consumidores finais dos bens que precisam das *commodities* pagarão mais caro, pelo pedágio que constituem os lucros dos *traders*. É o conjunto da sociedade que paga esses custos, desvio de recursos por quem nem produz, nem consome. Gera um tipo de mais-valia sistêmica, sobre todos os produtores e consumidores. É de deixar saudade da boa e velha mais-valia analisada nas empresas por Karl Marx, injusta, mas pelo menos produtiva.

Um segundo grupo de mecanismos é a publicidade, que gera o consumismo obsessivo nas nossas sociedades. Francamente, para comprar as coisas necessárias, o nosso pão cotidiano, o leite, os legumes, as cadeiras e semelhantes, não precisamos de publicidade. É patético vermos publicidade de uma água de alta qualidade, quando se trata essencialmente de H_2O. Há tempos a publicidade deixou de ser informativa sobre os produtos para se tornar uma máquina de modelagem de comportamentos. Com crianças que passam horas na televisão ou outras telas, e todos nós submetidos a *outdoors* nas ruas ou nas estradas, publicidade no rádio ou no Google e semelhantes, a nossa atenção é permanentemente invadida por mensagens que mostram como seríamos felizes, ou importantes, ao comprar determinado produto. E quanto mais truculenta a corporação, em geral mais haverá crianças, mulheres bonitas com crianças pequenas e cenas de ternura. Eles podem ser muito criativos.

O processo é articulado. Uma corporação quer vender mais, e os seus marqueteiros contratam uma empresa de publicidade. Essa vai contratar tempo de televisão e outros meios para difundir a mensagem. A mídia veicula essas mensagens, o que lhe permite pagar os seus programas. Mais pessoas vão comprar o produto, o que vai gerar um retorno para a empresa. O circuito se fecha, e funciona. Mas temos aqui um problema. Primeiro, porque não recebemos informação sobre o produto, e sim estímulos de comportamento social. A quantidade de gente que tem bicicletas ergométricas paradas nas suas garagens é impressionante. Segundo, porque essa publicidade está incluída no preço que pagamos, o que faz com que paguemos para que nos convençam que precisamos de um produto que espontaneamente não nos interessaria. Terceiro, porque a empresa de publicidade vai ser avaliada pelo resultado em termos de volume de compras, o que significa que ela se reunirá com especialistas em psicologia comportamental, e não com pessoas que entendam do produto e da sua eventual utilidade.

No nível das mídias, por sua vez, a remuneração ocorre em função da chamada ditadura dos pontos de audiência. Quanto mais audiência, mais podem cobrar pela publicidade. Naturalmente, o resultado é que um bom filme ou um bom programa informativo que exige um pouco de atenção desaparece, substituído por cenas de policiais caçando bandidos nas favelas como se fossem coelhos. Tiros, sexo, gritinhos excitados, tudo para atrair a atenção e garantir mais pontos de audiência. Falar de coisas importantes, mas desagradáveis, então, nem se fala. Gera-se o chamado besseirol, ou Febeapá, como já foi chamado o Festival de Besseiras que Assola o País[32]. Um segundo efeito indireto, sumamente importante, é que a mídia simplesmente não vai informar sobre as grandes corporações: são elas que pagam a publicidade. O culpado passa a ser sempre o governo, o que é cômodo, ainda que saibamos a que ponto chegam as corporações que movem boa parte do governo e financiam a corrupção.

O resultado é um consumismo obsessivo, gastos e endividamentos desnecessários, custos maiores dos produtos e uma mídia deformada. E isso é pago, naturalmente, do nosso bolso: quando uma publicidade nos informa que o programa seguinte nos é gentilmente oferecido por casas com total dedicação a nós, esquece-se de mencionar que a conta publicitária está incorporada no preço do produto. Não há almoço de graça. O sistema se agigantou: as maiores fortunas do planeta hoje não estão na área produtiva, mas na dos intermediários de informação, como Facebook, Google e semelhantes. O serviço é gratuito, na aparência, mas na realidade essas fortunas resultam da publicidade que veiculam, pagas pelas empresas que as contratam. Os gastos publicitários representam custos para as empresas produtoras, que os incorporam nos preços, evidentemente pagos por nós na compra. O hoje poderoso mundo das plataformas substituiu as tradicionais fábricas, como a General Motors e outras do gênero, no pódio dos

---

32 ver: https://www.bbc.com/portuguese/geral-53115143

que mais enriquecem. Intermediar a produção dos outros é muito mais lucrativo, e exige muito menos esforço.[33]

Um terceiro mecanismo importante, e que faz a ponte entre a intermediação financeira e a intermediação comercial, é o crediário. As casas já mencionadas trabalham tipicamente com juros de 75% (2020).[34] Ou seja, por não poder pagar à vista, a pessoa vai pagar quase o dobro. E isso porque no preço à vista já está incorporado um sólido lucro. Mas o grande ganho mesmo vem dos juros, pagos por pessoas em geral pouco informadas, ou simplesmente pobres demais para comprar à vista, às quais se apresenta essencialmente uma prestação que cabe no bolso. O crediário aposta na dificuldade natural das pessoas sentirem no bolso um gasto futuro. As pessoas são achacadas no seu poder de compra, e a função legítima de prestar um bom serviço comercial se transforma em sistema disfarçado de intermediação financeira, sem regulação. O governo Lula criou o sistema de crédito consignado, que é o produto financeiro que mais avançou nos últimos anos, justamente para permitir às pessoas tomarem um crédito mais barato garantido pelo seu salário e comprar à vista. É bom, mas insuficiente: custando 28% ao ano, ainda constitui agio-

---

33 Detalhamos os mecanismos da revolução digital e das formas atuais de apropriação do excedente social no livro *O capitalismo se desloca: novas arquiteturas sociais:* https://dowbor.org/wp-content/uploads/2020/05/Dowbor-O-capitalismo-se-desloca-Edicoes-SescSP-2020.pdf.

34 A ANEFAC, Associação Nacional de Executivos de Finanças, Administração e Contábeis, apresenta as taxas de juros efetivamente cobradas no mercado, o chamado custo efetivo total: apesar da queda da taxa Selic de 72% entre 2013 e 2020, os juros para pessoa física e pessoa jurídica se mantiveram na faixa média de 90% e 40% respectivamente. Ver: www.anefac.com.br, e em particular a tabela 21624f_156dd328137f4f68b82a3f4465c68d2d.pdf (filesusr.com).

tagem em qualquer comparação internacional, com juros em geral na faixa de 4% a 5% ao ano. A massa da população no Brasil paga pelos produtos incomparavelmente mais do que quem tem dinheiro para pagar à vista. Isso trava o consumo, pois o produto sai mais caro, e trava o investimento, já que o produtor também recebe pouco. É a economia do pedágio.[35]

Onde fica a concorrência, o chamado "livre mercado"? Na lógica econômica, a concorrência entre as casas comerciais levaria à queda dos preços ou dos juros até atingirem um nível modesto, mas com razoável de remuneração. Mas isso não funciona por duas razões: primeiro porque as pessoas têm uma grande dificuldade de entender matemática financeira, e quando lhes dizem que vão lhes "facilitar" a compra, aceitam, ainda que não acreditem muito. É a razão pela qual, por exemplo, os bancos e os comércios no Brasil apresentam os juros mensais, e não anuais como se deve, é porque ninguém entende de juros compostos. Quem, a não ser pessoas do ramo, entende que um juro mensal de 6%, que parece moderado, equivale aos espantosos 100% ao ano? Segundo, porque em geral o conjunto do sistema comercial pratica os mesmos juros escorchantes, e as pessoas aceitam isso como um fato normal. Batalhar preços é cansativo, além da dificuldade de fazer os cálculos para os diversos prazos. A desigualdade no nível de informação faz parte estrutural do sistema. Com a fragilidade dos mecanismos públicos e não governamentais de proteção do consumidor, ficamos

---

35 Sobre o papel e o impacto dos crediários, ver o já mencionado: http://dowbor.org/2015/01/ladislau-dowbor-o-sistema-financeiro-atual-trava-o-desenvolvimento-economico-do-pais-setembro-2014-11p.html/; ver também o capítulo 12 de *A era do capital improdutivo*, 2019.

realmente indefesos, apesar dos bons esforços do Procon, do Instituto Brasileiro de Defesa do Consumidor (IDEC) e de outras instituições.

O mundo dos intermediários comerciais, dotado das novas tecnologias tanto de análise de dados como de conectividade, se deslocou profundamente, permitindo, por exemplo, os sistemas de nivelação de preços em níveis muito elevados, sem precisar de oligopólios, e passa a ter informações detalhadas, inclusive sobre a capacidade de compra dos clientes. O "ambiente" do comércio, por assim dizer, mudou em profundidade. Algumas sugestões que estão sendo discutidas:

• Priorizar os chamados circuitos comerciais curtos, com o comércio local articulado a processos locais de produção: inúmeras cidades estão descobrindo que não precisam pagar o sobrecusto das grandes marcas e dos grandes fornecedores de escala nacional ou internacional;

• Acordos internacionais de controle dos *traders* de *commodities* que geram instabilidade de preços e fluxos de bens primários: em algum momento deverão ser adotadas regras mínimas de comércio internacional, em particular pela pressão dos desastres ambientais;

• Reforçar a matriz de produção nacional e regional, de forma a reduzir a dependência dos sistemas internacionais de comercialização: a pandemia mostrou como até mesmo os países ricos se viram impotentes para responder com produtos básicos de proteção da saúde;

• Apoio a ONGs de informação comercial como o IDEC, o ALANA, que busca regular a publicidade dirigida a crianças, bem como instituições como o Procon: no plano internacional estão se dando os primeiros passos, e a verdade é que o consumidor é vítima da desigualdade de informação. É impressionante o comércio dizer que "facilita" quando vai enforcar o consumidor com os juros cobrados, aliás, apresentados ao mês;

• Reforçar pesquisas científicas sobre o setor, armando as administrações públicas com pesquisas sobre práticas comerciais mais impactantes: a intermediação comercial precisa ser vista como integrante do ciclo de produção, com exigências semelhantes;

• Gerar sistemas públicos de comercialização para assegurar um contrapeso em setores mais vulneráveis, como o de medicamentos ou outros setores muito oligopolizados: em muitos países as redes públicas de comercialização, geridas pelo Estado ou por cooperativas de produtores, permitem a regulação do setor;

• Submeter os crediários do comércio a regras antiagiotagem, na linha do que foi o artigo 192º da Constituição, mencionado no setor de intermediação financeira: a taxa média de juros nos crediários era de 72% em dezembro de 2020. Na Europa, raríssimas vezes ultrapassa 10%.

Intermediação jurídica

Tal como os bancos e o comércio, os serviços jurídicos são necessários. Formalmente, ninguém pode alegar que desconhece a lei, mas na realidade uma pequena empresa que quer exportar um produto precisa saber de uma série de regras e regulamentos que presidem ao processo de exportação, e se não tiver ajuda de alguém que conheça as dimensões jurídicas correspondentes, fica difícil. Hoje passamos a consultar um advogado para qualquer coisa, desde a compra de uma casa até uma dúvida com a nossa conta bancária. São intermediários importantes quando ajudam, mas quando querem enrolar e dificultar, as demoras geram paralisia e custos exorbitantes.

Numa sociedade cada vez mais complexa, os vários setores econômicos, através dos *lobbies*, financiamento de campanhas e outros procedimentos dotaram-se de leis específicas para favorecer determinados grupos. As leis de direitos autorais, por exemplo, que asseguravam *copyright* de catorze anos após a publicação de uma obra, hoje travam o acesso até setenta anos após a morte do autor, em alguns países até noventa anos. O livre acesso às obras de Paulo Freire, por exemplo, para quem o acesso à cultura foi a batalha da sua vida, só acontecerá a partir de 2067.

Os que fazem as leis no Brasil raramente se dão ao trabalho de sistematizar as leis anteriores: quando surge um interesse determinado, e havendo o poder político e financeiro suficiente para obter a votação, faz-se uma lei que assegure esse direito, e o texto da lei termina com um lacônico "revogam-se as disposições em contrário", o que evita ao autor do texto jurídico o trabalho de consolidar os textos jurídicos anteriores. São "camadas" de disposições que se recobrem parcialmente, gerando um cipoal que poucos entendem. E quanto mais denso o cipoal, mais os advogados se tornam indispensáveis.

As grandes corporações hoje entendem o instrumento político, comercial e financeiro que representa um bom departamento jurídico, bem como a possibilidade de criar leis convenientes ou eliminar as que regulamentam as suas atividades. Nos governos Thatcher e Reagan, nos anos 1980, foram sistematicamente liquidadas as leis que regulamentavam as atividades de intermediação financeira (Glass-Steagall), permitindo aos intermediários finan-

120

ceiros emitir papéis, controlar setores produtivos, aplicar de forma irrestrita dinheiro dos correntistas e assim por diante. Hoje, com a Lei Dodd-Frank, tenta-se reconstruir um aparato jurídico de regras do jogo, em particular porque a abertura total permitiu não só a especulação irresponsável, como a transferência de dinheiro público para cobrir rombos privados gerados pelos irresponsáveis.

Para reduzir as fraudes mais generalizadas contra clientes, foi criado nos Estados Unidos, em 2011, o Consumer Financial Protection Bureau (CFBB), duramente combatido pelas corporações, por meio dos representantes republicanos. No Brasil o cartel financeiro fez uma batalha jurídica para tentar colocar as atividades financeiras fora da competência do Procon, felizmente sem sucesso, apesar dos mimos a grandes juristas. A guerra é permanente.

Nosso objetivo aqui não é discutir várias legislações comerciais, mas transmitir a visão de que as empresas construíram em torno dos seus interesses impressionantes aparatos jurídicos, e nesse sentido o mundo de advogados tornou-se um agente de primeira linha nas atividades econômicas. E no agigantado mundo jurídico que hoje se constrói, há cada vez menos espaço para o que poderíamos chamar simplesmente de justiça. A condenação de uma mãe a pagar centenas de milhares de dólares porque não impediu o seu filho de difundir músicas ilegalmente na internet, lança uma mensagem universal: nós, corporações, temos dentes. A privatização da intermediação jurídica constitui um dos aspectos mais perigosos da deformação dos processos democráticos.

Poucas pessoas se dão conta dessa transformação. Nos Estados Unidos, em 2012, havia 1,2 milhão de advogados. No Brasil temos 750 mil, e 1,5 milhão de bacharéis. O Japão, onde a tradição da palavra dada e da confiança nas relações é forte, tem pouco mais de 30 mil. Interessante notar que os Estados Unidos têm 715 pessoas aprisionadas por 100 mil habitantes, enquanto o Japão tem 54. Igualmente interessante é que esse país de 125 milhões de habitantes (o Brasil tem 212 milhões, os Estados Unidos 330 milhões), pequeno, com pouca terra e pouquíssimos recursos minerais ou energéticos, seja a terceira potência econômica mundial. No Japão não se leva doze anos para resolver um contencioso entre duas partes.[36]

Esse imenso aparato jurídico que temos, por exemplo, nos Estados Unidos ou no Brasil se transformou numa máquina corporativa, cujos custos econômicos se fazem sentir na lentidão das decisões e na insegurança jurídica frente ao emaranhamento de interesses que resulta das correntes da própria corporação de juristas, das ligações familiares tradicionais com oligarquias regionais e das lutas pela repartição do poder político na máquina pública.

A dominância do sistema financeiro no conjunto das atividades econômicas foi chamada de financeirização, termo que acabou se generalizando. Poderíamos seguramente buscar algum termo equivalente, judicialização ou outro, para essa expansão da máquina jurídica em geral, que ao se envolver cada vez mais nos mecanismos econômicos e políticos, tem acesso a lucros impressionantes,

---

36 Para o Brasil, ver: http://blog.portalexamedeordem.com.br/blog/2012/09/segundo-oab-brasil-tem-750-mil-advogados-e-mais-de--1-5-milhao-de-bachareis-em-direito/. Para o Japão, ver: http://www.optiapartners.com/en/pdf/Lawyers_in_Japan_Statistics_Report_2012.pdf. Para os Estados Unidos, ver http://www.examiner.com/article/more-lawyers-than-doctors-more-lawyers-than-soldiers; para Grã-Bretanha, ver: http://www.independent.co.uk/news/uk/home-news/justice--costs-fury-as-lawyers-fees-top-850an-hour-8965339.html.

transformando-se em setor econômico em si mesmo. Nos Estados Unidos, essa máquina custa cerca de 2,5% do PIB, ou seja, cerca de 700 bilhões dólares.[37] Nesse universo extremamente hierarquizado, a nobreza jurídica cobra mais de 1 mil dólares a hora de consultoria, e no comentário de um jurista americano, quanto mais a justiça é morosa, mais esses dólares se multiplicam. É mais um setor de *atividades-meio* que descobriu como se tornar *atividade-fim*. O objetivo é fazer negócio, mais do que facilitar negócios.

As fraudes generalizadas por parte das grandes corporações, envolvendo praticamente todas as grandes marcas de bancos, da indústria farmacêutica, das mineradoras e de todos os setores, expandiram enormemente essa indústria de contenciosos, gerando inclusive um sistema jurídico paralelo: as grandes condenações se resolvem não através da prisão de responsáveis por fraudes bilionárias, mas por *settlements* que geram multas astronômicas, mas sem obrigação de reconhecimento de culpa. As corporações se limitam a calcular as vantagens da ilegalidade por um lado, e o tamanho da multa por outro. A ética do comportamento e o respeito da legalidade se transformaram em cálculo de oportunidade.

Buscar na internet o nome de qualquer grande corporação acrescentando a palavra *settlement* permite visualizar a corrida de empresas como Volkswagen, Deutschebank, HSBC e inúmeras outras. Esconder dinheiro em paraísos fiscais é prática adotada por quase todos os grandes grupos, com fluxos facilitados pelos bancos que, para isso, dispõem de filiais no Panamá, nas Ilhas Cayman e tantos

---

37 Kenneth Thygerson, *Controlling Corporate Legal Costs*, p. 35. Londres, Westport, Connecticut: Quorum books, 1994; os dados, de 1987, de pesquisa de Stephen Magee, me parecem fortemente subestimados.

outros locais: trata-se em geral de lavagem de dinheiro, evasão fiscal, dinheiro de corrupção. A ausência de consolidação de leis entre diferentes países gera imensas facilidades para grupos que operam em escala mundial. O fato de uma Apple, por exemplo, pagar menos de meio porcento de impostos sobre os seus lucros, faz parte do caos em que as legislações são nacionais, mas as operações financeiras são globais.[38]

A politização do conjunto do sistema de intermediação jurídica que resulta é também muito forte. Os advogados são os mais representados na máquina política, Poder esse que se articula frequentemente com a propriedade de meios de comunicação. A articulação espúria do poder Judiciário, da mídia, dos interesses das grandes empresas e dos grupos corporativos dentro do próprio Judiciário, torna esse setor de atividades econômicas mais que maduro para uma reforma em profundidade. A criação do Conselho Nacional da Justiça é um passo, mas está longe de resolver. Hoje, em 2021, podemos falar em confusão profunda dos papéis a desempenhar, isso num setor cuja função seria de assegurar o respeito às regras do jogo e clareza nas negociações.

Sugestões nesta área são difíceis devido à força do corporativismo do setor, em geral muito conservador, e que tem argumentos afiados para defender os seus interesses, sempre apresentados como interesses dos seus clientes.

---

38 A discussão desse caos jurídico pode ser apreciada no vídeo das discussões em Davos, no Fórum Econômico Mundial: https://dowbor. org/2020/02/davos-e-os-impostos-a-bandidagem-legalizada-davos- -43-min-em-ingles.html/. O ministro de finanças da França chama a atenção: "Quanto maior é a corporação, menos impostos paga: isso não é aceitável", lembrando que esses grupos pagam algo como 0,02% sobre os seus lucros.

A extrema diversidade de sistemas jurídicos nos cerca de duzentos países do globo torna a tarefa particularmente complexa:

- Esforço generalizado de simplificação do cipoal jurídico a que são submetidas pessoas físicas e pessoas jurídicas, tornando mais claras as regras do jogo: a consolidação das leis em diversos setores teve sucesso em vários países e setores, mas em nível muito insuficiente;
- Assegurar a transparência dos interesses cruzados dos grandes grupos de advocacia, em particular dos fluxos de financiamento: a transparência (*disclosure*) é fundamental para reduzir as ilegalidades: um professor universitário, mesmo numa instituição privada, é obrigado a prestar contas da sua produção científica e outras atividades. Não há nenhuma razão para o sistema jurídico se privar de luz;
- Generalizar para o setor privado a Lei da Transparência de 2011, que envolve o setor público: a vida privada nos pertence, mas atividades empresariais envolvem impactos sociais que precisam ser compreendidos e divulgados;
- Generalizar o controle dos fluxos nos paraísos fiscais: com grande parte dos fluxos financeiros mundiais simplesmente escondidos, não há ambiente de legalidade possível;
- Reforçar a assessoria jurídica pública e gratuita de construção de acertos diretos entre as partes interessadas, forma muito produtiva de reduzir as montanhas de processos jurídicos intermináveis: o Japão tem muito a ensinar nessa área.

Intermediação da informação

Um quarto setor de intermediação de fluxos é o que lida com os canais de acesso à informação e ao conhecimento. Já vimos previamente as infraestruturas de comunicação, em particular as infraestruturas materiais, como cabos de fibra ótica, torres de retransmissão, redes de satélites e semelhantes. Isso interage, mas não se confunde, com os grandes sistemas de intermediação da comunicação que utilizam essas infraestruturas. Aqui, uma vez mais, se trata de uma *atividade-meio*. Queremos que os produtos que nos interessam, como a informação, as imagens, o conhecimento ou o que seja e no formato que seja, e que constituem o conteúdo, sejam acessíveis de maneira rápida, racional, barata e confiável.

Na economia do conhecimento que nos caracteriza, a informação se tornou um fator de produção essencial, vetor de inclusão ou de exclusão econômica, social e cultural. Muitas regiões, países, povos ou grupos sociais sequer estão conectados pelas infraestruturas de comunicação, base necessária para o direito ao acesso. Isso resulta em grande parte do fato de que sistemas privatizados não se orientam pelas necessidades das pessoas, e sim por sua capacidade de pagar pelos serviços. O resultado é um círculo vicioso de reprodução da desigualdade, pois o não acesso também reduz as oportunidades. Daí a necessidade, nos diversos setores de infraestruturas, de um Luz para Todos, de um Plano Nacional de Banda Larga, de correspondentes bancários ou agências bancárias públicas onde o banco privado considera que não seria rentável prestar o serviço.

Mas a existência das infraestruturas não garante o acesso. No caso da telefonia, os poderes públicos asseguram a concessão do espectro de ondas eletromagnéticas, que são um bem público, e na outra ponta as pessoas compram os celulares, mas o fornecimento do serviço pertence a um grupo muito limitado de empresas que cobram pela comunicação tarifas sem comum, medida com os seus custos. Não à toa o mexicano Carlos Slim, da Claro, tornou-se um dos homens mais ricos do planeta. A alternativa óbvia, que é a comunicação pela internet, como o Skype ou WhatsApp e semelhantes, não difere muito em termos de procedimentos e é de graça. Aproveita investimentos em infraestrutura, com a geração de acesso à banda larga da internet e esses representam custos, mas, uma vez cobertos os investimentos, não há razão para não se generalizar o acesso aberto, em vez de pagar os intermediários. Lembrando que o pagamento por vezes é feito em dinheiro, e por vezes pelo pedágio da atenção aos anúncios, na batalha pela atenção. Cada vez mais, como vimos, pela incorporação dos custos da publicidade nos produtos que compramos.

O presente texto está sendo escrito em Microsoft Word. Quando eu trabalhava na ONU, o *software* para textos era outro, Wordperfect, que eu utilizava não porque fosse melhor, mas porque era o padrão nas Nações Unidas. Eu precisava não só escrever, como comunicar o que escrevia. O Microsoft Word não é melhor, apenas ganhou a guerra do padrão, e como todos precisam se comunicar, virou monopólio de fato. O que se cobra hoje para ter o *software* junto com o computador é impressionante, e Bill Gates se tornou o homem mais rico do planeta, alternando com Slim. Quando um padrão se generaliza, não há escolha e, portanto, não há concorrência. Em economia isso se chama monopólio por demanda. Sou obrigado a usar o que os outros usam. O descontrole gerado resulta nos proces-

127

sos atualmente movidos contra o Facebook nos Estados Unidos, ou o Google na Europa.

Carlos Slim, partindo de especulação imobiliária e financeira, e dos lucros como acionista da British American Tobacco e depois da Philip Morris, controla 90% das comunicações telefônicas do México e o acesso a celulares em praticamente toda a América Latina. No Brasil controla a Claro. Hoje é acionista da Apple, e invesse também em filantropia. A Telefônica espanhola também se tornou um conglomerado planetário, com a Vivo no Brasil. Na Europa foi condenada em 2007 a pagar 152 milhões de euros por atividades para eliminar a concorrência. Todas essas empresas dispõem de grandes departamentos jurídicos, interessa-lhes em geral ficar no limite extremo da legalidade, e ir gradualmente mudando as próprias leis a seu favor. Predomina o conceito de que tudo que não é formalmente ilegal é legítimo, ainda que seja nocivo à sociedade.

Não é nosso objetivo aqui fazer a listagem das apropriações pelo oligopólio ou da massa de reclamações contra as tarifas e qualidade dos serviços. O importante é que o grau de concentração e o poder econômico e político dos gigantes da área tornam extremamente difícil o seu controle por agências reguladoras, como é o caso da fragilidade da Anatel no Brasil. E o essencial é que uma vez instaladas as torres de retransmissão, a prestação dos serviços torna-se extremamente barata, e concedê-las a corporações internacionais não faz o menor sentido. Milhares de pessoas rodam entre Tim, Vivo e Claro imaginando encontrar melhor atendimento ou preço, e enfrentam o mesmo comportamento de oligopólio. E a mesma dança de números entre o que nos recomendam teclar para obter um serviço.

Estamos na era das plataformas de intermediação da informação e das comunicações, com o poder impressionante do chamado GAFAM – Google, Apple, Facebook, Amazon e Microsoft – ou seu equivalente chinês BAT – Baidu, Alibaba, Tencent. No topo dos gigantes corporativos mundiais estão intermediários de fluxos de informação. É um sistema que se desenvolveu e se tornou o poder que hoje conhecemos, de forma muito mais rápida do que os sistemas de regulação. As instituições se movem muito mais lentamente do que as tecnologias.

As alternativas são bastante óbvias. O Linux apresenta a alternativa de sistemas abertos frente ao sistema privativo e monopolizado da Microsoft. É utilizado, por exemplo, pela IBM, pelo Pentágono e pelo governo alemão, para dar alguns exemplos. Os sistemas abertos, como o Skype, permitem comunicação gratuita sem a intermediação do oligopólio dos celulares. Os sistemas abertos universitários de acesso, como OpenCourseWare (OCW), EdX das principais universidades americanas, o China Open Resources for Education (CORE) se contrapõem aos sistemas de intermediação privada como Elsevier e outros oligopólios de revistas indexadas, denunciadas, por exemplo, pelo prêmio Nobel de Medicina Randy Schekman. Nos Estados Unidos mais de 15 mil cientistas já se recusam a publicar em revistas controladas pelo oligopólio.

Os mais variados setores de atividade efetivamente produtiva tentam escapar dos pedágios escorchantes cobrados por intermediários que hoje mais travam do que ajudam. Até as rádios comunitárias são criminalizadas. A guerra pelo livre acesso à informação, na era da economia do conhecimento, adquiriu particular importância. Se o setor público não assegura alternativas com o desenvolvimento de um serviço público paralelo e se não houver um sistema mínimo de regulação com descentralização e diversificação da mídia, esse setor essencial para a produtividade sistêmica da sociedade continuará a pesar nas nossas contas de uma maneira desproporcional.

• Trabalhar o conjunto do sistema constituído por dados, informação e conhecimento como bem comum, gerido por processos colaborativos: na era da economia do conhecimento, o acesso é vital, e o seu travamento por oligopólios prejudica o conjunto das atividades econômicas;

• Expandir os sistemas descentralizados e colaborativos de construção e difusão do conhecimento, na linha da multiplicidade e diversidade: o acesso à informação é vital para gerar um ambiente interativo e colaborativo de construção de conhecimento em rede;

• Resgatar a dimensão pública tanto de regulador como de facilitador de acesso universal às informações e conhecimento científico: as universidades e outros centros de pesquisa terão de evoluir para o *open access* e o Creative Commons generalizados;

• Combater o poder articulado de controle da informação, como a Amazon, dona do *Washington Post*, do Murdoch sobre a mídia no mundo, e a apropriação dos processos políticos pela deformação da informação.

***

Olhando de maneira mais ampla, não são mais os produtores, e muito menos o setor público, que dominam o sistema econômico planetário: são os intermediários, e constituem a hoje poderosa economia imaterial. Vimos precedentemente o poder radicalmente novo que adquiriram os intermediários financeiros. O conceito de *too big to fail* (grande demais para quebrar) lhes conferiu uma posição de chantagem que lhes permite literalmente sugar os recursos públicos sem precisar investir nem fomentar a economia: basta agitar o estrago que podem fazer. Aliás, já se usa *too big to jail* (grande demais para ser preso). A intermediação comercial está hoje controlada por um gigantesco aparato de *traders* mundiais que geram instabilidade e volatilidade, o que obriga os que precisam das *commodities* a pagar sobretaxas de garantia, através de derivativos. Os intermediários jurídicos se deram conta de que controlar tanto a aplicação como, sobretudo, a elaboração das leis os transforma em poderosas alavancas das grandes corporações, com capacidade de criminalizar qualquer atividade que não seja favorável aos seus interesses, e cada vez mais qualquer consumidor cujo comportamento não lhes agrade. Os intermediários da comunicação se apropriam simplesmente do controle da navegação do conhecimento no planeta, colocando pedágios sobre qualquer mensagem que passa, sem falar de termos de contribuir com as empresas de *software* a cada vez que abrimos o computador.

Todas essas atividades estão gerando os seus anticorpos. No Brasil já são mais de cem bancos comunitários, e o conceito de microcrédito e de caixas de poupança municipais está se espalhando pelo planeta, sem falar dos sistemas de crédito *online*, sem intermediários, com plataformas cooperativas como o Prosper, nos Estados Unidos, ou o M-Pesa, no Quênia. O comércio direto entre produtores e consumidores está se ampliando, em particular aproveitando a conectividade geral que permite a desintermediação. A pandemia inclusive acelerou o processo. Na área jurídica aparecem embriões de uma outra cultura, centrada na defesa dos direitos humanos no sentido amplo, com movimentos como o dos Juízes Democráticos e semelhantes, mas muito pouca iniciativa no plano das corporações. Na comunicação, os movimentos ligados ao Linux, ao *open-access,* aos recursos educacionais abertos, às mídias alternativas, à ciência livre e às rádios e TVs comunitárias geram novas esperanças: as novas tecnologias e as mídias sociais permitem essa evolução para uma sociedade mais horizontal em rede, como analisa Manuel Castells.

Mas a realidade é que essas tentativas de democratizar a economia, de resgatar o nosso direito elementar de desenvolver pequenas e médias empresas, iniciativas dos mais diversos tipos – e não apenas como subcontratadas ou terceirizadas das grandes corporações – são duramente combatidas. Em nome dos direitos autorais, do respeito às patentes ou até da ética, as corporações buscam criminalizar o direito de livre iniciativa, o que para quem leu Adam Smith se torna até irônico. As táticas de saturação que uma Walmart utiliza para destruir o pequeno comércio nas regiões onde decide se instalar, para uma vez a quebradeira consumada voltar a subir os preços, são clássicas e estudadas como *cases* nas universidades. Voltamos a dizer, a intermediação é necessária, precisamos de facilitadores, mas quando os intermediários se tornam gigantes que engessam o sistema para cobrar facilidades, tornam-se um entrave para o desenvolvimento econômico. E o fato é que as novas tecnologias permitem que gigantes da intermediação nos controlem por meio das imensas teias que são as plataformas mencionadas, GAFAM no Ocidente, BAT na China. O mundo está mudando.[39] Precisamos assegurar a regulação pública nesses setores, e desenvolver empresas públicas de fornecimento direto dos serviços de intermediação, garantindo assim mecanismos de concorrência.

Tomando mais recuo ainda relativamente ao nosso raciocínio, vimos uma primeira grande área, a de produção material, claramente dominada pelo sistema empresarial privado e se apoiando em mecanismos de mercado. Para fazer funcionar esse mundo empresarial é vital termos uma segunda área, como infraestruturas densas e eficientes, de modo a reduzir os custos sistêmicos. Nelas predominam claramente o setor estatal e os mecanismos de planejamento que temos de resgatar, inclusive para assegurar o equilíbrio entre setores, regiões e classes sociais. Na terceira área, de serviços de intermediação, onde funcionam com forte presença do Estado tanto em termos de regulação, para reduzir a cartelização e as fraudes, como em termos de geração de empresas estatais que possam introduzir mecanismos de concorrência e alternativas para a população. Vimos assim a importância, no Brasil, do setor bancário público para compensar os desequilíbrios gerados pelos grandes grupos privados, ou de emissoras estatais de TV em diversos países, como a BBC na Inglaterra, ou ainda da Wikipédia como sistema colaborativo de construção e disseminação do conhecimento, para gerar um mínimo de alternativas inteligentes para o público.

---

39 GAFAM: Google, Apple, Facebook, Amazon e Microsoft; BAT: Baidu, Alibaba e Tencent. Stefano Quintarelli, no seu texto sobre *A revolução digital e as transformações sociais,* apresenta uma síntese interessante de uma economia em que os intermediários mandam mais do que os produtores, privados ou públicos: http://dowbor.org/2019/02/stefano-quintarelli-a-revolucao-digital-e-transformacoes-sociais-fev--2019-10p.html/.

O que estamos aqui sugerindo é que essas três grandes áreas, de produção material, de infraestruturas e de serviços de intermediação, precisam, nesta era de economias complexas, de instrumentos diferenciados de regulação, que poderíamos resumir como de dominância privada na produção material, de dominância estatal na área das infraestruturas e de sistemas missos na área dos serviços de intermediação, os mais propensos à cartelização. Lembremos que o objetivo geral é uma sociedade economicamente viável, mas também socialmente justa, e ambientalmente sustentável. Para atingir esses objetivos se dará com equilíbrio diferenciados, segundo as áreas, entre o Estado, as empresas e a sociedade civil. A racionalidade da gestão e o planejamento do futuro podem ser mais úteis do que discursos ideológicos. Temos de resgatar a racionalidade de como nos organizamos.

AS POLÍTICAS SOCIAIS

Políticas sociais

Saúde

Educação

Cultura e informação

Turismo, lazer e esporte

Habitação social

Segurança

Sistemas capilares

Misto público e organização da sociedade civil

Controle participativo

O que estamos descrevendo aqui não é teoria macroeconômica, mas o funcionamento do processo produtivo, os seus mecanismos básicos e diferenciados área por área, setor por setor. Ao descrever em poucas páginas cada um dos grandes setores, voltamos a dizer: não temos a pretensão de sistematizar a complexidade de cada um, o nosso objetivo é permitir ao leitor ter essa visão do conjunto e a compreensão dos seus componentes básicos. É metodologicamente útil mostrar os desafios das unidades produtoras, a sua necessidade de infraestruturas que as conectem e a importância e limites dos facilitadores que deveriam ser e, frequentemente são, os intermediários. Mas as três áreas mencionadas, para funcionar, dependem vitalmente de uma quarta área, que chamamos aqui de políticas sociais, basicamente saúde, educação, cultura, turismo, lazer, esporte, habitação social e segurança.

Esses setores têm em comum o fato de constituírem investimentos nas pessoas. Se não tivermos pessoas com bom nível educacional, com saúde, vivendo de maneira decente – ou seja, com qualidade de vida –, nenhuma das outras áreas de atividades vai funcionar adequadamente. É a dimensão do chamado capital humano, mas muito além dos aspectos de formação de mão de obra. No Brasil esse aspecto é particularmente sensível, pois durante séculos deixou-se de investir nas pessoas, a não ser na reprodução das elites, como vimos com a resistência às cotas e com a lei do teto de gastos.

As raízes históricas disso são profundas: essa colônia produtora de bens primários de exportação não precisava de muita mão de obra qualificada. Pior, como utilizava os recursos gerados pela exportação para importar bens de consumo da Europa, não precisava da mão de obra local nem para desenvolver atividades econômicas mais sofisticadas, nem como fonte de demanda. Portanto, manter uma massa popular na pobreza e na ignorância tornou-se funcional. Fomos o último país a abolir a escravidão, e, ainda, em 1964 um Paulo Freire foi encarcerado por tentar alfabetizar os pobres.

Só muito recentemente acordamos para o resgate da imensa dívida social desse país dividido, e ainda assolado pelos ódios das elites contra qualquer iniciativa de inclusão. Por isso, essa quarta área que agora analisamos, a das políticas sociais, tornou-se no Brasil atual particularmente importante. Nos últimos anos, com os ataques às políticas sociais a partir de 2014, o país está regredindo, e desconstruindo os avanços significativos que tivemos na década entre 2003 e 2013, que o Banco Mundial qualificou de *Golden Decade of Brazil*. A defasagem atual do Brasil pode ser ilustrada nesse editorial do *Financial Times*, de que "os governos terão de aceitar um papel mais ativo na economia. Eles devem ver os serviços públicos como investimentos, e não como obrigações."[40] Estamos recuando no tempo, até o *Financial Times* está à nossa esquerda.

Uma dimensão econômica importante das políticas sociais é que sempre foram qualificadas no Brasil como *gasto* e não como *investimento*. O raciocínio aqui é simples: um produtor, por exemplo, de bonecas Barbie, diz gerar um produto útil, ampliar o emprego, e pagar impostos. Portanto, é um *produtor*. Na sua visão, os gastos em saúde, educação, cultura, lazer e semelhantes constituem exatamente isso, *gastos*. A não ser, naturalmente, que se trate de uma instituição como a USP, onde os seus filhos vai estudar de graça, pois aí ele entende, corretamente, que é um investimento. E também quando precisar contratar um engenheiro, cuja formação alguém teve de pagar, e que é vital para o processo produtivo da empresa. No caso do Brasil, com os atrasos históricos, as políticas sociais constituem o investimento prioritário, o de maiores efeitos produtivos.

Como os esforços de inclusão através de investimentos sociais se dão por meio de iniciativas públicas, esse *gasto,* será sistematicamente atacado como populismo, inchaço da máquina do Estado. E os impostos sobre quem pode pagar, as elites, serão um vetor de reações histéricas. Essa imagem de um setor privado que produz e de um Estado

---

40 Editorial do *Financial Times*, 3 de abril de 2020.

gastador tornou-se não mais uma ideia, mas um preconceito no sentido de gerar reações ideológicas impenetráveis ao raciocínio, e diariamente marteladas na mídia. Hoje esse tipo de raciocínio sem nenhuma base lógica se chama *narrativa*, confiado a empresas de relações públicas.

Na realidade, quando uma empresa contrata um técnico bem formado, tende a esquecer que nesse jovem de 25 anos, há 25 anos de investimento social, da família e de diversos serviços públicos para gerar uma pessoa organizada, com bons conhecimentos, com saúde e capacidade de trabalho e de iniciativa. Produzir a boneca ou um sapato também representa custos sociais e ambientais, tempo de trabalho e de deslocamentos, gasto de matéria-prima e gestão de resíduos. Na economia, como dizem, não há almoço de graça, tudo é ao mesmo tempo custo e resultado, insumo e produto. E nas políticas sociais o investimento do setor público é fundamental.

Saúde

Saúde, sem dúvida, custa. Mas é o produto que mais desejamos. Ou seja, é um produto, e um dos mais desejados. Não é uma *atividade-meio*, é uma *atividade-fim*. No entanto, devemos distinguir o nível de saúde atingido em termos de resultados, e o processo que permite atingi-los. Como em qualquer processo produtivo, o setor deve alcançar os melhores resultados com o mínimo de custos. É o que se chama de produtividade da saúde. Nas últimas décadas, o mundo ganhou uma sobrevida impressionante. Antes, o tempo de criar os filhos era a conta, nos enterravam. Hoje, as pessoas vivem 80, 90 anos. O progresso é impressionante. O Atlas Brasil, avaliação geral dos 5.570

municípios do país, mostra que entre 1991 e 2010, em vinte anos, o tempo médio de expectativa de vida do brasileiro subiu nove anos, passando de 65 para 74 anos. São resultados espetaculares.[41]

As pessoas tendem a atribuir esses resultados aos produtos que vemos na publicidade, belos hospitais e novos medicamentos. "Tomou Doril, a dor sumiu" e semelhantes. Na realidade, o imenso avanço da humanidade em termos de esperança de vida se deve essencialmente à vacina, ao sabão, ao saneamento básico e à alimentação. Mais recentemente no Brasil, a redução da fome, com os diversos programas governamentais, operou milagres, o que explica em grande parte os nove anos de vida que ganhamos.

Portanto, ainda que grande parte de mídia se preocupe com o tratamento da doença, os grandes ganhos de produtividade e de dias saudáveis se devem à saúde preventiva, ou seja, ao conjunto das medidas, muitas delas fora do que consideramos normalmente setor de saúde, que evitam que surjam as doenças. Prevenir é incomparavelmente mais produtivo do que remediar.

A tensão gerada é evidente, entre o conceito de serviços de saúde e o conceito de indústria da doença. O sistema privado não tem interesse no sistema de prevenção por duas razões: primeiro, porque demandam ações universalizadas (como vacinas, água, saneamento etc.) que envolvem muita gente que dispõe de pouco dinheiro, e grandes esforços organizacionais que resultam da capilaridade das ações universais. A vacina tem de chegar a cada criança do

---

41 Para os dados da pesquisa *Atlas Brasil 2020: o IDH Municipal*, https://atlasbrasil.org.br/. Ver também http://dowbor.org/2013/10/ladislau--dowbor-interiorizacao-do-desenvolvimento-idh-municipal-2013-setembro-20132p.html/.

país, e com a pandemia simplesmente a todos. Segundo, porque ao se reduzir os problemas de saúde, reduz-se o número de clientes. E o setor privado vive de clientes. Está interessado em poucos, e que possam pagar bem. Necessidade e capacidade de pagamento são duas coisas diferentes. A concentração dos recursos da saúde privada no sistema curativo hospitalar e nas doenças degenerativas dos idosos é um resultado direto desta deformação.

No caso brasileiro, naturalmente, a característica básica é a desigualdade, o que faz com que se tenha gerado dois universos de serviços de saúde, o público para a massa da população, e o privado para os ricos e a classe média. E na medida em que o setor privado, da saúde com fins muito lucrativos, tenta expandir o universo de cobertura paga, os esforços de se generalizar o acesso a bons serviços públicos e gratuitos de saúde passam a ser atacados. O fato da direita americana no congresso quase paralisar os Estados Unidos na guerra contra a universalização desses serviços dá uma ideia dos interesses envolvidos.

Na realidade, nos Estados Unidos a saúde representa praticamente 20% do PIB, enquanto a indústria emprega menos de 10% da mão de obra do país. O fato do setor da saúde se agigantar, tornando-se o maior setor econômico do país, ajuda a entender as articulações perversas que se geram. Os Estados Unidos gastam cerca de 10.400 mil dólares por pessoa por ano em serviços de saúde, e no Canadá os custos são da ordem de 4.400 dólares, menos da metade. No entanto, o nível de saúde no Canadá, onde os serviços são públicos, universais e gratuitos, é incomparavelmente superior. O sistema americano, baseado no privado e no curativo, faz o cidadão procurar os serviços quando o mal já aconteceu. E os procura menos, pois são caros. O resultado é: muito dinheiro e pouca saúde. Nas pesquisas de produtividade dos gastos em saúde em países desenvolvidos, os Estados Unidos aparecem em último lugar.[42]

A base do raciocínio – usando de preferência o cérebro e não o fígado onde os argumentos já vêm verdes e amargos – é que saúde não é um produto como um chinelo, que se produz em massa na China ou na Indonésia e se despacha por contêiner. Uma sociedade saudável trabalha um conjunto de frentes que incluem desde cuidados da primeira infância, até o ambiente escolar, as condições de habitação e urbanismo, a qualidade de vida no trabalho, o controle de agrotóxicos e semelhantes. Até a arborização urbana e a existência de parques são essenciais. A vida saudável resulta de um conjunto complexo de fatores, todos densamente ligados com a qualidade de vida em geral. Não é um produto padronizado que sai de uma máquina e resolve. Envolve na realidade uma forma de organização social. E nos referimos aqui ao fígado porque os discursos que aparecem são carregados de ódios ideológicos, que pouco ajudam.

Quando pensamos em saúde tendemos a pensar no médico, na farmácia e no hospital, porque nos acostumamos a pensar nela apenas quando a perdemos. E não há dúvida de que há uma indústria da doença pronta para reforçar essa visão em cada publicidade de um plano privado de saúde, de remédios milagrosos e semelhantes. Mas no

---

42 Saúde privada, essencialmente curativa e elitista, constitui um desperdício. O que não impede que os EUA sejam um destino lógico para uma intervenção cirúrgica de ponta paga a preços de ouro. O estudo da John Hopkins University aponta que o subsistema público nos EUA é eficiente e barato, mas que a deformação vem do subsistema privado. Ver U.S. Health Care Spending Highest Among Developed Countries, www.jhsph.edu/news/news-releases/2019.

básico é importante pensarmos que as políticas da saúde se agigantaram muito recentemente, e que constatamos por toda parte as formas mais diversas de organização: desde o *out-of-pocket* (saúde curativa paga no serviço prestado) dos Estados Unidos até a medicina públicas, social e universal da Inglaterra, do Canadá, dos países nórdicos e de Cuba.

No Brasil temos a convivência caótica do SUS com os gigantes financeiros que controlam planos de seguro e de saúde, passando por organizações sociais e sistemas cooperativos diversos. Enquanto o SUS, solução mais avançada, apresenta elevado nível de eficiência, os 47 milhões de usuários de planos de saúde se vêm submetidos a um processo de autêntica extorsão: no governo atual, as mensalidades aumentam ao ritmo do dobro da inflação, e para pessoas de mais idade os preços se elevam de maneira mais acelerada, de forma a forçar as pessoas a abandonar os planos, depois de décadas de contribuição, quando chegam à fase da vida em que justamente iam precisar. Estudos do IPEA e outros mostram como se gerou um sistema de extorsão financeira nesta área, onde as pessoas atingidas por problemas de saúde acabam sem opção.[43]

É importante a visão de conjunto: temos um grande acúmulo de experiência de gestão empresarial nos setores produtivos tradicionais, como o de automóveis, e também na área de administração pública tradicional. Mas no desafio de assegurar um bom nível de saúde, que resulta da

---

43 Ver os artigos de Lígia Bahia, de Carlos Ocké-Reis e de Leonardo Mattos na edição de *Le Monde Diplomatique Brasil*, novembro de 2019, edição 148: https://diplomatique.org.br/planos-de-saude-privados-sao-predadores-do-sus; o setor gerou fortunas bilionárias para, por exemplo, Paulo Sérgio Barbanti, que vendeu a Intermédica para a Bain Capital norte-americana, ou José Seripieri Filho, da Qualicorp (FORBES, 200 Bilionários Brasileiros, 2019).

convergência de numerosos atores, inclusive dos movimentos sociais, ainda estamos à procura de paradigmas adequados de gestão. Os rumos mais significativos, o que funciona efetivamente em diversos países que atingiram excelência, apontam para sistemas dominantemente preventivos, com acesso universal e gratuito, baseados em gestão pública, mas fortemente descentralizados e com forte capacidade de participação e controle por organizações da sociedade civil. O mercado, neste domínio, simplesmente não funciona: tanto pela assimetria de informação entre o consumidor e o prestador quanto pelo fato, que, quando acometidas por um problema grave de saúde na família, as pessoas não têm escolha, raspam gavetas, se endividam. Além do sofrimento e da insegurança gerados, trata-se de uma ineficiência sistêmica.

Há uma dimensão ética aqui: nenhum ser humano deve padecer e sofrer quando há formas simples de resolver o problema. A indiferença é vergonhosa e injustificável. Em termos sociais e políticos, não há dúvida de que uma das melhores formas de democratizar uma sociedade é assegurar que todos tenham acesso à saúde, tanto preventiva como curativa, independentemente do nível de renda. É uma forma essencial de redistribuição indireta de renda, de se generalizar o bem-estar. Deve-se incluir aqui o sentimento de angústia de milhões de pessoas inseguras quanto à capacidade de enfrentar algum problema grave de saúde na família, insegurança que se avolumou no tempo da pandemia. Ao olharmos a quantidade de sofrimento e mortes com a Covid-19, nos Estados Unidos e no Brasil, não temos como evitar a consideração de que o descaso, evidente com a fragilização do SUS, é um crime.

A falta de acesso a serviços básicos de qualidade, por outro lado, gera um sistema quase de chantagem: as famílias se sangram para pagar um plano privado de saúde, gastando muito mais do que o custo dos serviços prestados, simplesmente por insegurança, pela possível tragédia de um acidente ou doença grave. Acabamos contratando um plano, e pagando caro, por um certo sentimento de tranquilidade, e não pelos serviços de saúde efetivamente prestados. E quanto mais nos sentimos inseguros, mais pagamos. A indústria da doença precisa ser fortemente controlada, e um dos melhores caminhos é a sistemática elevação da qualidade e acessibilidade dos serviços públicos universais de saúde.[44]

Em termos propositivos o melhor é estudar como se organizam os sistemas de saúde nos países onde funcionam de maneira eficiente, ou seja, com alto nível de resultados e baixos custos, assegurando tanto os benefícios de uma vida saudável como tranquilidade de não ter o drama de não ter como pagar o tratamento de uma criança. Evoluir para a generalização do sistema público universal e gratuito de acesso aos serviços de saúde, solução mais eficiente e barata, como se constata na comparação dos sistemas em numerosos países;

- Articular o conjunto dos subsistemas que contribuem para uma vida mais saudável, envolvendo saneamento básico, proteção ambiental e controle das emissões;
- Controlar os aumentos abusivos dos preços dos planos privados de saúde, hoje instituições financeiras que

---

44 Amartya Sen, prêmio Nobel, resume a visão em excelente e curto artigo, disponível em: http://dowbor.org/2015/01/amartya-sen-universal-healthcare-the-affordable-dream-janeiro-2015-5p.html/.

maximizam os retornos em dinheiro e não em melhor saúde, frente a uma Anvisa inoperante;

• Assegurar sistemas descentralizados de gestão, na linha do movimento Cidades Saudáveis, gerando políticas locais integradas de elevação do nível de saúde, através de um conjunto de políticas públicas, como saneamento básico e tantas outras que contribuem para um ambiente saudável;

• Expandir a capacidade de pesquisa da Fiocruz e de outros sistemas públicos de excelência que o país já tem, permitindo, igualmente, elevar o nível de informação da população, hoje manipulada pela publicidade da área;

• Tornar transparentes os processos de formação de preços no setor privado, em particular na área farmacêutica: o chamado Big Pharma é considerado um flagelo mundial, que justifica os preços com custos absurdamente inflados de pesquisas.[45]

Educação

A educação é outra área onde o sistema privado funciona de maneira extremamente precária, sempre carregando o seu pecado original, que é o de se interessar mais pela capacidade de pagamento do que pelas necessidades. Há que se distinguir aqui, no sistema privado, o que são instituições comunitárias e instituições com fins lucrativos. As PUCs, por exemplo, são universidades privadas e pagas, mas todo eventual excedente é reinvestido na própria ins-

---

45 Marcia Angell, que editou durante décadas o *New England Journal of Medicine*, publicação das mais respeitadas na área, escreveu um excelente resumo sobre como funciona efetivamente o setor, *A verdade sobre os laboratórios farmacêuticos*, ver resenha em: https://dowbor. org/2007/08/a-verdade-sobre-os-laboratorios-farmaceuticos.html/.

tituição, ninguém leva lucro para casa. São privadas, mas comunitárias. Muitas universidades privadas famosas dos Estados Unidos podem ser privadas, mas são fundações, também sem fins lucrativos. É diferente, naturalmente, de uma Phoenix, com centenas de milhares de alunos, cotada em bolsa, propriedade do Apollo Group e alvo de inúmeros processos. A taxa de conclusão dos cursos é de apenas 16%.[46] É uma indústria do diploma, da mesma forma como se gerou a indústria da dívida estudantil. A educação vista como negócio é um problema.

O fato da educação ter se tornado negócio, e muito lucrativo, tem a ver com o fato de todas as atividades econômicas estarem se tornando densas em conhecimento. Até o modesto agricultor familiar hoje depende de inseminação artificial, análise de solo, informações de mercado e semelhantes. Quanto às áreas como eletrônica, farmacêutica, construção e a própria educação, todas são hoje muito intensivas em conhecimento. Quando o conhecimento se torna o principal fator de produção também se torna importante vetor de lucro, emprego e renda. Investir na educação dos filhos é, na atualidade uma das principais formas de poupança, de proteção das famílias no longo prazo.

É importante lembrar o peso que a educação adquiriu em tempos recentes e a sua importância para o desenvolvimento. A Rússia de Tolstói tinha 6% de alfabetizados, enquanto o Japão, em 1900, já tinha eliminado o analfabetismo. Hoje algo como um terço da nossa mão de obra ainda é analfabeta funcional, e em outros níveis enfrentamos analfabetismo digital, a deficiência no inglês, as fragi-

---

46 Sobre a Phoenix, é instrutivo ler o artigo no *New York Times*, de Tamar Lewin: www.nytimes.com/2012/10/18/education/university-of-phoenix-to-close-115-locations.html?_r=0y.

lidades de matemática avançada. O nível de conhecimentos básicos para não se ver excluído constitui um patamar em constante elevação. O conhecimento virou capital, o chamado capital humano.

O conhecimento tem características diferentes relativamente aos fatores tradicionais de produção, como terra, capital e força de trabalho. É imaterial. Como é imaterial, navega nas ondas eletromagnéticas, podendo ser livremente acessado em qualquer parte do planeta, por qualquer pessoa que tenha um equipamento básico como um *smartphone*, que em poucos anos poderia estar nas mãos de praticamente todos. Característica fundamental, o conhecimento não é um bem rival: o seu uso não reduz o estoque, se passo uma ideia a alguém, continuo com ela. Isso implica que o que era educação, transmissão de conhecimentos básicos à nova geração, passou a ser um sistema planetário de criação e circulação colaborativa de ideias. E como as tecnologias, nesse novo ambiente, passaram a evoluir de maneira extremamente rápida, a educação deixou de ser uma atividade de crianças e jovens para se transformar numa atividade permanente de atualização durante a nossa vida. O desafio hoje é o da gestão integrada do conhecimento social.[47]

Com a nova importância e ubiquidade, a organização e transmissão do conhecimento deixou de ser um assunto

---

47 Jeremy Rifkin, com o livro *A sociedade de custo marginal zero,* traz uma excelente contribuição à compreensão da profunda transformação que vivemos, veja resenha em: https://dowbor.org/2015/03/jeremy-rifkin-the-zero-marginal-cost-society-the-internet-of-things-the-collaborative-commons-and-the-eclipse-of-capitalism-new-york-palgrave--macmillan-2014.html/. A transformação vai muito além de "Indústria 4.0". A mudança sistêmica que isso ocasiona na sociedade é apresentada no nosso *O capitalismo se desloca: novas arquiteturas sociais,* 2020.

apenas de escola, de sala de aula. Hoje temos como realidade ou potencial de aquisição e atualização de conhecimento os cursos nas empresas, os computadores em casa, o celular no bolso, os próprios canais de televisão quando utilizados com certa inteligência. Esse novo relacionamento entre a humanidade e o conhecimento, envolvendo todas as etapas da vida, todas as pessoas e os mais diversos ambientes do nosso cotidiano, nos leva a preferir o conceito de sociedade de conhecimento ao conceito demasiado estreito de educação, que sempre nos leva a pensar na sala de aula, giz e professor. A gestão do conhecimento, assim entendida, coloca o mundo atual da educação no centro do furacão: é a principal máquina de geração, organização e transmissão do principal fator de produção, vetor-chave do próprio desenvolvimento econômico.

Aqui, como em outras áreas das políticas sociais, a desigualdade histórica herdada pelo Brasil constitui um fator estrutural fundamental. Os grupos privados não invessem na educação básica, a não ser em algumas ilhas de luxo. Invessem pesadamente, sim, na educação superior, setor de importantes investimentos das famílias. Gerou-se assim um sistema de gestão do conhecimento que reproduz as desigualdades. E nesse condomínio também a educação pode se tornar o principal vetor de emancipação, de inclusão cognitiva, de inclusão produtiva, de redução da desigualdade de chances à partida na sociedade brasileira. O potencial da construção colaborativa e interativa do conhecimento se constata em particular com os inúmeros espaços de discussão *online* proporcionados pelas *"lives"*, permitindo intercâmbios nacionais e planetários com custos quase nulos.

A tensão nesse setor torna-se, desse modo bastante clara. Há uma visão de democratização do conhecimento para tornar toda a sociedade mais produtiva e culturalmente mais rica, e uma visão de restrição do acesso para que o conhecimento possa constituir um fator de lucro e de reprodução das elites. O conhecimento, sendo imaterial, pode circular de maneira livre e sem custos nas ondas eletromagnéticas, multiplicando capacidades produtivas, mas essa livre circulação não enriquece quem queira controlá-lo. É um setor onde, para se ter lucro na circulação, é preciso restringir o acesso, colocar pedágios. E a privatização, no sentido de geração de entidades com fins lucrativos, tem obviamente esse objetivo.

Nesse setor, claramente, a privatização reforça as elites, enquanto o acesso universal tende a equilibrar a sociedade. Mas pensar apenas na empresa privada ou na máquina estatal simplifica e deforma o problema. Na linha do movimento Cidades Educadoras, busca-se hoje aumentar a densidade de conhecimento e o enriquecimento cultural de toda uma comunidade, de um bairro, de uma cidade, e não apenas assegurar aulas na escola e diplomas. Os próprios currículos, atualmente, buscam se adequar às realidades diferenciadas dos diversos territórios, a escola passa a buscar garantir a articulação dos conhecimentos necessários ao desenvolvimento do território onde estão inseridas, em vez de apenas transmitir conhecimentos. A visão é de um sistema aberto e colaborativo em rede, com centralidade da dimensão pública, e forte enraizamento nas organizações sociais de educação e cultura, cuja capilaridade é importante para a produtividade do conjunto.

Não é o acesso ao conhecimento que deve ser precificado e transformado em lucro, e sim a sua eventual aplicação em inovações e em produtos. O próprio conhecimento tem de ser livre, universal e gratuito. A Unesco, aliás, tem nesta área uma visão interessante: quem não tem acesso ao conhecimento como direito humano básico, tampouco tem acesso aos outros direitos, pois não saberá exigi-los ou acessá-los.[48]

Como no setor da saúde, o melhor nos parece ser olhar as experiências que obtiveram os melhores resultados, considerando que a educação está no centro de uma revolução digital que atinge todos os setores de atividade humana. Mais de que um modelo, a educação precisa se organizar para uma dinâmica acelerada de autotransformação:

- Ver a educação como subsistema da geração de uma dinâmica de enriquecimento científico-tecnológico-cultural da sociedade, com políticas integradas que envolvem praticamente todos os setores de atividade;
- Articular os ministérios da Educação, de Ciência e Tecnologia e da Cultura, junto com os centros universitários de pesquisa, na formulação de uma estratégia integrada de geração e disseminação do conhecimento;
- Assegurar os processos colaborativos e de livre acesso ao conhecimento, como é o CORE (China Open Resources for Education) na China, o OCW (OpenCourseWare) no MIT dos Estados Unidos e numerosas outras iniciativas;

---

48 Sobre esse tema, veja detalhes em *Tecnologias do conhecimento: os desafios da educação,* disponível em: http://dowbor.org/blog/wp-content/uploads/2001/01/13-TecnDoCnh2013.doc; Beatriz Blandy está desenvolvendo a sua pesquisa de doutorado na PUC-SP sobre a apropriação do sistema educacional brasileiro pelas corporações transnacionais: a educação virou um grande negócio. Sobre os imensos potenciais da educação, ver o estudo de Pasi Sahlberg, *Finnish Lessons:* https://dowbor.org/2016/05/pasi-sahlberg-finnish-lessons-what-can-the-world-learn-from-educational-change-in-finland-columbia-university-new-york-and-london-2015.html/.

- Reorganizar o sistema de acesso ao material didático escolar, hoje nas mãos de alguns grupos privados, na linha do projeto de Paulo Teixeira de aquisição pública dos *copyrights* dos materiais e distribuição capilar *online*;
- Ver a educação na sua dimensão de processo civilizatório, inclusive de redução das desigualdades, e não apenas de aquisição de conhecimentos técnicos: Thomas Piketty realça com razão a importância da desigualdade educacional;
- Combate sistemático da elitização da educação, obedecendo ao princípio básico de justiça no acesso às oportunidades para as novas gerações.

Cultura e informação

A conectividade planetária é muito recente, em termos históricos. Com poucos alfabetizados, ausência de meios de comunicação e populações rurais dispersas, a cultura era uma forma de interação direta entre pessoas de uma comunidade. E a cultura no sentido chique, *la culture,* era coisa das cortes, dos minuetos de Versalhes, dos brioches de Maria Antonieta, do piano na Casa Grande. Com a vertiginosa expansão, durante o século passado e em particular nas últimas décadas, da imprensa, do rádio, da televisão e hoje dos sistemas interativos digitais, houve um adensamento geral de fluxos de criatividade planetária. Estamos, em termos de instituições, organização e gestão, sempre atrasados relativamente às tecnologias. E os potenciais simplesmente explodiram. A pandemia nos tornou mais isolados, mas nunca estivemos tão conectados.

A cultura, assim como os diversos setores que vimos nos capítulos anteriores, tem suas especificidades. Em particular, a atividade criativa não é como colocar e cimentar blocos numa construção, coisa que o pedreiro faz pelo salário. A criação cultural é um prazer em si, e raramente as grandes criações foram proporcionais aos níveis de estímulo financeiro oferecido. Não estamos aqui sugerindo que sejam boas as tragédias de um Baudelaire ou de um Van Gogh, mas sim que se trata de um produto econômico diferente. É uma *atividade-fim*, tanto para quem cria como para quem aprecia. Basta ver a imensa criatividade amadora e a originalidade das criações espontâneas comparada as com a cultura paga e padronizada que veicula a grande mídia, com a chamada "macdonaldização" cultural.

Outra característica desse setor de atividades é o fato de ser em grande parte imaterial. A música, o filme, a foto, a pintura, o *show* podem ser retransmitidos pelo planeta afora e captados em qualquer parte do mundo sem custos adicionais. Isso tem duas vertentes. Significa, por um lado, que qualquer amador pode realizar um curta e colocar no Youtube, ou disponibilizar fotos ou um poema, e circulará pelo mundo. Ou não circulará, dependendo da qualidade e da criatividade. Por outro lado, qualquer pessoa que goste de uma criação cultural poderá repassá-la, gerando um ambiente de livre criação e circulação artística mundial. Na era digital, conforme já vimos, com a generalização de acesso, abre-se a oportunidade de uma imensa democratização da cultura. Surge o espaço dos chamados *prosumidores,* simultaneamente produtores e consumidores, sem a tradicional separação entre produtor, intermediário e consumidor.

Naturalmente há a outra vertente, ainda amplamente dominante, desse processo. É o que tem sido chamado de indústria cultural, ou de *entertainment industry* nos Estados Unidos. É dominada pelos grandes grupos que tentam privatizar as infraestruturas e cobram pedágios de intermediação. Vimos antes, nas áreas de "infraestruturas" de "intermediação", os grandes grupos de comunicação, as fortunas dos controladores do *software* de acesso, sentinelas das ondas eletromagnéticas. Interessa-nos aqui a dimensão cultural dessa apropriação.

Com a expansão do rádio, do cinema, da televisão e com a penetração desta última em praticamente qualquer residência (97% dos lares têm TV no Brasil), crianças assistindo, na média, a 4,5 horas por dia e com o controle pertencendo basicamente a quatro grupos privados, gerou-se uma máquina de fornecimento de produtos culturais a partir de alguns pontos centrais para todo o país. Cultura de recepção, passiva e não interativa, mas que gera comportamentos comerciais obsessivos, já que o seu ciclo econômico passa pela publicidade, frequentemente apoiada na criação de ídolos e outros ícones da cultura comercial. Trata-se, literalmente, da indústria do consumo, em que a cultura entra apenas como engodo. E com a segmentação do sinal em canais abertos e fechados, consolida-se uma visão de cultura em dois andares, dos que podem pagar e dos outros. A tentativa de fazer o mesmo com a internet, felizmente derrotada, é significativa. As pressões continuam.

No conjunto, a dominação comercial gerou uma imensa passividade cultural. Não se produz tanta música no bar da esquina, não se escreve samba em mesa de bar, não se toca música em casa, não se aprende violão, tudo é recepção. A criação, essa depende de o criador entrar no seleto grupo que uma empresa apoiará para virar, na melhor tradição do *jabá*, um sucesso. A cultura deixa de ser uma coisa que se faz, uma dimensão criativa de todas as facetas da nossa vida, e de todas as pessoas, e passa a ser uma coisa a que se assiste sentado no sofá.

A era da internet vem, naturalmente, transtornar o confortável universo dos latifundiários das ondas magnéticas. Filmes simples, mas criativos, a partir de qualquer celular, encontram enorme sucesso no YouTube. Músicas alegres, tristes ou debochadas passam a circular no planeta sem precisar da aprovação de intermediários. Artesãs do Vale do Jequitinhonha, que vendiam artesanato a 10 reais (revendido por 200 reais), passaram a furar os bloqueios dos intermediários e a vender na internet. Livros que nunca estão disponíveis nas livrarias aparecem *online*, com muito mais leitores, sebos nos permitem adquirir na internet livros que nunca encontraríamos nas livrarias.[49]

O que está acontecendo é que as ondas eletromagnéticas, aliás públicas, permitem que qualquer pessoa conectada crie os seus próprios canais de distribuição, acesse criações de qualquer parte do mundo, recriando-as. Na geração tecnológica anterior, o dono da cultura era quem produzia o suporte material, livro no papel, CD, DVD, estoques físicos de cultura, por assim dizer. O intermediário cultural vendia o suporte material, com pequena porcentagem para quem cria. A conectividade planetária muda profundamente essa situação, pois o ponto de remuneração, situado no momento de venda do suporte material, deixa de ter a mesma importância. Os grandes grupos econômicos de intermediação cultural que não criam, mas vivem da venda da criação de terceiros, continuam dominantes, mas já não são a única opção. Por mais que

---

49 Em contraste com a cartelização da venda de livros da Amazon e cinco das maiores editoras do mundo, atualmente processadas por manipulação de preços, conforme vimos previamente (ver nota 10).

tentem manter pedágios sobre produção alheia, a criatividade está retomando o seu lugar.

A apropriação descentralizada de canais de expressão cultural abertos, gratuitos e interativos gera impactos no desenvolvimento local que vão muito além da própria criação cultural. À medida que a conectividade planetária se generaliza, que se multiplicam as formas de acesso, abre-se a possibilidade do que poderíamos chamar de artesanato cultural no melhor sentido. Na favela de Antares, no Rio de Janeiro, dotada de banda-larga, os jovens plugados passam a fazer *design* e a prestar serviços informáticos diversos, o que lhes rende dinheiro, e fazem cultura por prazer e diversão. Nas cidades com acesso WiMax, banda larga sem fio, as crianças têm na ponta dos dedos acesso a criações científicas, lúdicas ou artísticas de qualquer parte do mundo, esbarram no inglês macarrônico, mas suficiente, criam comunidades virtuais. Quer prazer maior que o de mandar para um amigo uma música legal, no instante da descoberta?

A tensão é forte entre os oligopólios centrados na defesa de privilégios e das elites, e os inúmeros canais de informação que surgem no planeta, livres das amarras com interesses corporativos e estatais. A batalha se dá aqui nos três níveis que vimos, das infraestruturas de comunicação (cabos, satélites etc.), da intermediação do acesso (os Murdoch e semelhantes do planeta, grandes provedores nacionais e internacionais) e dos criadores efetivos de cultura e informação (conteúdo), que são os artistas, os jornalistas e outros personagens da criatividade moderna. Na realidade, os que efetivamente criam constituem ainda o elo mais fraco do ciclo. Mas é em nome do interesse do autor que os oligopólios dificultam o acesso e essendem indefinidamente os *copyrights*.

Enfrentamos, portanto, um processo muito dinâmico, em que as novas tecnologias e os novos comportamentos, sobretudo da juventude, permitem transformar cultura e informação numa gigantesca rede colaborativa e interativa, enquanto gigantes corporativos travam o acesso em nome, curiosamente, dos direitos do autor ou até da ética. É um duelo que se dá em várias frentes, tanto que o assunto envolve as infraestruturas de comunicação, os grupos que controlam o acesso e os que efetivamente criam. O essencial é que a cultura, diferentemente do sabonete, não se regula de forma adequada pelo mercado, enquanto as formas colaborativas descentralizadas ainda procuram novas soluções. É o universo das redes, do acesso aberto, da gratuidade e das formas alternativas de remuneração.

- A batalha pelo acesso aberto, o *open access*, o Creative Commons, tornou-se fundamental: temos de acompanhar as inúmeras experiências internacionais que buscam livrar a criatividade dos intermediários comerciais que ganham monopolizando o acesso a uma cultura que não produzem;
- A inclusão digital, de todas as classes e regiões, precisa ser vista como direito humano básico: temos a imensa oportunidade planetária de poder acessar, em qualquer parte do globo, livros, *shows*, o acervo do Louvre, festas folclóricas, enriquecendo a diversidade e a criatividade;
- Os *copyrights* precisam ser drasticamente reduzidos, tipicamente a cinco anos prorrogáveis a pedido dos autores, na linha das propostas de Lawrence Lessig: centenas de milhares de obras não são nem acessíveis, nem reproduzidas por direitos autorais confusos e perdidos;[50]

---

50 O livro de Lessig *The Future of Ideas* é um pequeno clássico que ajuda muito a situar o novo universo criativo que se descortina: https://do-

- Há uma imensa oportunidade de criatividade colaborativa intercultural a se desenvolver entre continentes e culturas diferentes; o universo das *lives* abre um imenso espaço de interação que a pandemia evidenciou;
- A criatividade cultural tem de voltar a ocupar um lugar de destaque no conjunto do universo da educação: a redução da educação ao aprendizado de conteúdos técnicos, como tem sido proposto, reduzindo tanto a discussão dos valores sociais como o aprendizado e a criatividade cultural, constitui um empobrecimento profundo dos potenciais das novas gerações;
- Desenvolver apoio às iniciativas culturais de jovens, na linha do tão rico programa de Pontos de Cultura: o programa gerou um grande movimento de criatividade cultural interativa, com poucos custos, aproveitando as facilidades que abre a conectividade. As novas gerações precisam de oportunidades, mais do que lições de moral.[51]

Turismo, lazer e esporte

A análise dos dilemas dos vários setores, particularmente na área das políticas sociais, mostra a que ponto a desigualdade constitui um fator estrutural de desequilíbrio. E a dinâmica do mercado busca reproduzir a desigualdade, pois busca dificultar o acesso para poder cobrar dos privi-

---

wbor.org/2004/06/the-future-of-ideas.html/. Ver também *Wikinomics,* de Don Tapscott e Anthony Williams: https://dowbor.org/2008/03/wikinomics-2.html/ Sobre novos rumos do acesso aberto, ver *Propriedade intelectual e direito à informação,* https://dowbor.org/2014/06/ladislau--dowbor-e-helio-silva-org-propriedade-intelectual-e-direito-a-informacao-educ-2014.html/.

51 Ver o livro de Célio Turino, *Por todos os caminhos: pontos de cultura na América Latina,* Sesc-sp, 2020: https://iberculturaviva.org/wp-content/uploads/2016/02/C%C3%A9lioTurino-04-A1-Final-Baixa.pdf.

legiados. O condomínio Riviera de São Lourenço, em Bertioga, ilustra bem a deformação dos mecanismos. Onde antes as praias estavam abertas ao público, agora há guaritas, cercas e anúncios de que a Riviera "lhe oferece" as maravilhosas ondas etc., o que antes era um bem público, aberto. A Riviera, naturalmente não criou nem as praias, nem as ondas, e, no entanto, cobra pelo acesso, pela simples razão de ter assumido o controle. Ainda que não formalmente, na prática privatizou a praia, reduziu o acesso. Ou seja, para ter lucro como empreendimento turístico, nesse caso precisa restringir o acesso.

É a economia da escassez. Para faturar com a demanda, é preciso reduzir a oferta. O bem comum aberto, livre e abundante não dá dinheiro, apenas assegura qualidade de vida para todos. E a empresa busca dinheiro. A ilustração serve para inúmeros casos. Em Fortaleza, as populações de beira da praia foram expulsas para o Conjunto Palmeiras, porque as praias foram vendidas a grupos europeus, para a instalação de *resorts*. Nos Estados Unidos, as próprias praias foram em grande parte privatizadas, obrigando as pessoas comuns a fazer longas viagens até os locais de praias públicas. Em Dakar, os hotéis de luxo na costa fixam avisos nas praias, restringindo o acesso. É a economia do pedágio.

O *shopping* é de livre acesso, mas qualquer pessoa da periferia sabe distinguir esse tipo de acesso. Quando jovens da USP fazem festa no *shopping*, são vistos como mocidade alegre. Quando jovens da periferia fazem o mesmo, a repressão é imediata. Criam-se espaços privilegiados, com a diferença apenas de que, em vez de cobrar entrada, deixa-se entrar quem tem recursos, e provavelmente os vai gastar. Certos *shoppings* sequer têm acesso a pé, para assegurar uma pré-seleção social.

O gradual cerco aos espaços livres, à brincadeira de rua e ao convívio solto com gente encontrada ao acaso tem seu preço. Podemos, sim, pagar um pacote turístico, podemos pagar a mensalidade no clube, podemos ir assistir ao jogo da Seleção pagando muito dinheiro. Os que não podem simplesmente se veem privados do acesso. Para quem tem dinheiro, a vantagem é dupla: tem o acesso e o sentimento de pertencer à elite.

É importante mencionar que as atividades de turismo, que permitem mudar de ambiente de vez em quando, as de lazer, que permitem espairecer no fim de semana, ou de esporte, que permitem brincar mesmo sendo adulto – e não apenas assistir a um jogo na TV –, não constituem um luxo, constituem necessidades básicas da felicidade humana.

Quando se fala em desenvolver essas atividades, a referência é quase sempre uma visão de indústria do turismo, indústria do lazer, indústria do esporte. E, é sem dúvida, o que predomina quando parte de iniciativas empresariais. Essa indústria é simplesmente necessária, sobretudo no plano dos intercâmbios internacionais. Mas quando se orienta para a exclusividade e a exclusão social, em vez da promoção do convívio, gera problemas e tensões. Em conversa com turistas holandeses no luxuoso *resort* da Costa do Sauípe, na Bahia, eles se diziam maravilhados pelo luxo e pela beleza das praias, mas desiludidos, porque o *resort* cercado poderia estar em qualquer parte do mundo, e eles queriam conhecer o Brasil, ter contato com brasileiros. Ninguém vai a Paris para se fechar num condomínio de luxo. E ir para a Bahia e não conviver com Salvador, com a riqueza cultural baiana, não faz sentido. Essa compreensão do lazer não como isolamento, mas como convívio, como enriquecimento cultural recíproco, nos leva a uma outra concepção desse setor de atividades. O lazer e as trocas culturais viram indústria, com turistas canalizados como bezerros para pontos de consumo.

A iniciativa pública articulada com poderes locais e movimentos sociais tem um amplo papel a desempenhar aqui. Cada praça ou parque – espaço de convívio e lazer – que é transformado em espaço comercial restringe a liberdade dos residentes do bairro, da cidade. Em Toronto, poucas pessoas invessem em piscinas individuais, porque a cidade dispõe de numerosas piscinas públicas, e as escolas, além de terem piscinas, asseguram o seu uso pela comunidade. O custo de uma boa infraestrutura de piscinas e outras instalações públicas compartido por milhares de usuários, é mínimo, permitindo inclusive assegurar manutenção e segurança, além de propiciar um espaço de trocas e convívios.

No caso do esporte em geral, a situação é crítica, pois, na ausência de espaços públicos, torna-se cada vez mais caro. Os adultos sentem muito o impacto desse *déficit*, e as crianças e jovens muito mais. Um jovem na periferia, com pouca renda, tem que opções? O esporte transformado em indústria nos leva ao sofá para assistir às habilidades de superatletas, comendo salgadinho e assistindo a intervalos publicitários. Construir mais estádios aparece no PIB, mas manter áreas verdes, parques, espaços para jogar bola e brincar com as crianças não aparece como atividade econômica. O resgate de espaços de gratuidade é vital e exige não só forte presença do setor público, como é vital que se mobilizem as comunidades, as organizações da sociedade civil, para fazer contrapeso aos interesses imobiliários e semelhantes. E ter uma vida com lazer é uma *atividade-fim*. Uma tarde passada em espaço aberto e livre com as crianças e amigos, não tem preço.

É interessante aqui confrontar os interesses pontuais e gerais. Uma empresa vê no espaço urbano uma oportunidade de fazer muito dinheiro. Saberá pressionar (ou contribuir para eleger) políticos, convencer um juiz, mobilizar a mídia, para se apropriar da área. Os interesses de milhares de pessoas são interesses gerais, no conjunto muito mais importantes, mas que não têm a mesma capacidade de dobrar as resistências de um grupo que pode ganhar milhões. O prejuízo se dilui entre milhares de pessoas, e vai reverter em perda de qualidade de vida, gastos com segurança, desorientação de jovens, reforço da desigualdade de acesso a essa dimensão essencial das nossas vidas. Organizar turismo e lazer pode constituir uma boa iniciativa privada pontual, mas a expansão de espaços livres e gratuitos de enriquecimento social é vital.

Município por município, e com iniciativas muito diferenciadas em função das características locais, os diversos espaços do território podem se tornar fonte de grande elevação da qualidade de vida, com poucos custos e iniciativas simples. Há inúmeras experiências de enriquecimento do cotidiano das pessoas, dos bairros, sem precisar transformar tudo em fontes de lucro. O prazer pode custar pouco:

- Retomar a visão da qualidade de vida comunitária; viver bem é muito mais do que ter uma boa residência, é estar num bairro agradável;
- Arejar os bairros com espaços comuns: o bem-estar das famílias não depende apenas dos bens que se compra, depende também do acesso a bens de consumo coletivo;
- Resgatar o direito a brincar, em qualquer idade, em espaços livres e de convívio aberto;

163

- Dinamizar atividades de intercâmbio entre culturas diferentes, essencial para enfrentar a fragmentação e os preconceitos.

Habitação social

Habitação envolve, naturalmente, muito mais do que a casa. "Moradia" talvez seja um conceito mais expressivo, pois vem com a conotação de contexto e vizinhança e o conjunto de atividades ligadas ao morar. Quando se trata propriamente de casas, em geral podemos colocar o assunto na área produtiva, no setor de construção. Iniciativa privada, dentro de certos limites, cada pessoa constrói a sua casa segundo as suas posses, gostos e adequações de localidade. Mas no quadro da desigualdade herdada, há uma evidente necessidade de intervenção pública, pois grande parte da população foi reduzida a uma situação em que não tem as condições mínimas para um investimento desse porte, e mora em condições frequentemente sub-humanas, com impactos dramáticos para as famílias e, especialmente, para a nova geração criada nessas condições.

Com a urbanização generalizada, – hoje o Brasil tem cerca de 85% de população urbana – a situação pode ficar catastrófica. Em particular, como o metro quadrado urbano é muito caro, quanto mais pobre é a família, mais provável que vá construir à beira de córregos, em terrenos íngremes e sujeitos a desabamentos, em regiões de mananciais onde a construção regular é proibida e locais semelhantes. O resultado é que nos lugares onde menos se deveria morar, ocorre justamente a maior densidade de habitação.

Gera-se com isso um conjunto de custos que aumentam exponencialmente. A contaminação gera doenças e custos de despoluição, as grandes distâncias entre o emprego e a moradia geram sobrecarga nos transportes, a ausência de infraestruturas gera uma grande vulnerabilidade social e a multiplicação de problemas de segurança, e assim por diante. A verdade é que, em termos econômicos, sai muito mais barato dar condições de vida decentes às pessoas do que enfrentar as consequências da marginalização e do desespero. Seguramente, um fator de primeira importância é que as famílias perdem qualidade de vida. Ter uma massa grande da população que sofre por não ter acesso ao mínimo, num país rico como o Brasil, não faz sentido.

O impacto sobre os jovens é particularmente importante. Crianças e jovens representam cerca de um terço da população. Mas não votam, não têm poder aquisitivo, não são organizados em sindicatos nem partidos, são politicamente mudos, manifestando-se apenas em explosões periódicas. Um jovem na periferia, com poucos recursos, e na ausência de espaços públicos e gratuitos de convívio, lazer, cultura e esporte, fica sem opções. A proposta da direita, nesse caso, é a redução da idade penal, em vez da geração das políticas adequadas. Basta lembrar que em 2019 a polícia matou em média catorze pessoas por dia, e que temos uma gigantesca população carcerária, mais de 800 mil. Ficamos atrás apenas dos Estados Unidos, que têm 4% da população mundial e 25% dos presos, cerca de 2,5 milhões de pessoas, em grande parte negros ou latinos, e por crimes ridículos. A saúde da sociedade se resolve com políticas sociais.

Não se mora apenas numa casa, mora-se numa rua, num bairro. A lógica de organização desse espaço é vital e a organização passa por um processo muito ativo de intervenção municipal, com participação direta das comunidades interessadas. A geração de um processo decisório participativo é vital. Se quisermos humanizar um bairro, precisamos adotar as formas organizacionais correspondentes. As parcerias entre a administração pública e as organizações da sociedade civil, juntando capacidade administrativa e financiamento com a capilaridade e a inserção social dos movimentos permitem que as iniciativas respondam efetivamente ao que as comunidades precisam.

E precisamos, naturalmente, nos dotar dos instrumentos correspondentes. Numa cidade como São Paulo, onde se constroem apartamentos de 15 milhões de reais, enquanto milhões vivem em regiões que inundam todos os anos por ausência de infraestruturas correspondentes, os que se cercam de luxo deveriam pagar os impostos municipais que lhes correspondem. É compreensível que advogados e juízes lancem ataques contra o aumento de impostos como o territorial urbano, que atingiria os seus clientes ou apadrinhados. Mas manter impostos proporcionalmente ridículos para os donos de grandes fortunas e de mansões, não faz sentido. A batalha da mídia comercial e do Judiciário para manter esses desequilíbrios é lamentável.

A perda de qualidade de vida atinge a todos. Viver no luxo, em condomínios fechados, em artificialidade e isolamento social permanente, é patológico. Mansões de luxo onde as crianças não podem brincar fora de casa por medo de assaltos e sequestros, com serviços de segurança instalados dentro da própria casa, guaritas e carros blindados, caracterizam ostentação, e não qualidade de vida. Em Paris, não só o imposto territorial mas também um sólido imposto sobre grandes fortunas, que financia a renda mínima, asseguram que qualquer família possa passear a noite à beira do Sena, e que qualquer jovem possa passear em qualquer parte da cidade. A cidade é das pessoas, da comunidade, não de uma elite que se tranca em casas, em ruas policiadas, em *shoppings* de luxo, enquanto bairros pobres são assolados por criminalidade e sistemas medievais de repressão.

Aqui, portanto, fica bastante evidente que a intervenção pública é essencial. Mas a intervenção pública dificilmente saberá escapar às pressões das grandes empreiteiras, especuladores imobiliários e oligarquia do dinheiro se não se constituírem formas mais democráticas de decisão. Em São Paulo, o reforço das subprefeituras e a eleição de conselhos de residentes em cada uma delas constituiriam apenas os primeiros passos para começar a gerar novos equilíbrios. Onde funciona, a habitação social faz parte de um sistema integrado de geração de equilíbrios sociais, com forte presença da intervenção pública e um denso sistema de participação comunitária. Esperar que "os mercados" resolvam não faz o mínimo sentido.

O adensamento urbano gera pressões sobre o valor dos terrenos e das habitações, alimentando uma indústria de rentistas que aumentam as suas fortunas pelo processo descontrolado de valorização. O resultado é a formação de uma colusão de interesses especulativos que trava a gestão democrática das cidades. A reapropriação cidadã dos espaços urbanos é, nesse sentido, fundamental. A democracia política no país em geral passa pelo resgate da cidadania, o chamado empoderamento, em cada um dos 5.570 municípios do país.

Somos um país de urbanização recente, e as formas descentralizadas e participativas de gestão local, que encontramos em muitos países da Europa, mas também na China (mais descentralizada do que a Suécia, segundo Kroeber), no Kerala da Índia e em outras regiões nos oferecem exemplos de bom senso. Algumas sugestões de orientação geral:[52]

- A pobreza crítica constitui um desafio fundamental e urgente, e o seu enfrentamento é a melhor aplicação de recursos em termos de custo-benefício e bem-estar: mais do que caridade, é uma questão de justiça, de decência humana;
- É importante se inspirar em inúmeras cidades pelo mundo que criam condições de habitação que não segregam os habitantes: a habitação não é apenas uma questão de construção de casas;
- Enquanto a política de habitação for controlada pelos especuladores imobiliários, a valorização do metro quadrado será mais importante do que a valorização do bem-estar dos habitantes;
- Enfrentar a necessária reformulação do pacto federativo, que descentralizou os encargos, mas não os recursos: grande parte das iniciativas necessárias depende de recursos e capacidade de gestão no nível local.

---

52 Um pequeno livro que apresenta exemplos nacionais e internacionais, *O que é poder local?*, facilita muito a compreensão dos desafios. Ver também o relatório de pesquisa *Política Nacional de Apoio ao Desenvolvimento Local*, publicado por Sebrae, Banco do Brasil e outras instituições, que apresenta 89 propostas práticas de apoio ao desenvolvimento local: https://dowbor.org/2009/06/politica-nacional-de-apoio--ao-desenvolvimento-local-2009.html/. Para o trabalho de Kroeber já referido, sobre a China, veja: https://dowbor.org/2016/11/arthur-r--kroeber-chinas-economy-oxford-oxford-university-press-2016-isbn--978-0-19-023903-9-320-p.html/.

Segurança

Segurança não é repressão. Segurança é quando a repressão deixa de ser necessária. A violência, como o sexo, se vende bem na mídia, permite rentabilizar as emissoras, elevam os pontos de audiência e, com isso, o valor da publicidade. Não há dúvida de que há uma indústria que vive da insegurança, em nome de manifestar o seu horror a ela. Alimentar o sentimento de vingança, e não o de justiça, propor a pena de morte ou aplicá-la na prática ainda que seja ilegal, batalhar a redução da responsabilidade penal, tudo isso rende. Um moleque que faz um furto ou repassa maconha, após um estágio em estabelecimentos penais, sai não só mais formado em crime como seguramente apadrinhado e organizado.

É importante aqui deixar de lado a bílis, o verde dos ódios, para entender os mecanismos. Primeiro, há o crime organizado. São hoje máfias e milícias dos mais variados níveis, desde locais até internacionais, profissionalizadas, equipadas, com relações nos presídios, nas polícias e no Judiciário, frequentemente com representantes no Legislativo, apoiadas por sistemas bem rodados de transferências internacionais de dinheiro, contas em paraísos fiscais, apoio técnico de bancos do porte do HSBC ou do *American Express*, para mencionar apenas os mais citados na mídia financeira. O BTG Pactual tem 38 filiais em paraísos fiscais, que facilitam evasão fiscal, corrupção e lavagem de dinheiro.

A generalização da conectividade planetária permitiu que os grupos se articulem de maneira incomparavelmente mais ágil. São frequentemente intocáveis, não porque não se saiba quem são, mas justamente porque se sabe quem são. Numa reunião que tivemos com um dos principais pesquisadores da área, o juiz francês Jean de Maillard, explicava ele que a maior dificuldade em reprimir esse tipo de criminalidade não era descobrir os autores, mas enfrentar as fronteiras fluidas entre o crime de rua, os administradores do crime de rua, os gestores dos sistemas semilegais, os grandes bancos que fazem a lavagem do dinheiro e empresas de porte, como supermercados ou *shoppings* que foram financiados por esse dinheiro. O colarinho, à medida que se sobe na escala, torna-se cada vez mais branco, a ilegalidade cada vez mais diluída, há cada vez mais advogados e amigos poderosos, e nunca há uma fronteira nítida.

No nível mais elevado, mas sem descontinuidades, temos, portanto, a criminalidade de colarinho branco. Um estudo na França estimou que uma comparação entre os volumes roubados pelos batedores de carteira e semelhantes com as apropriações ilegais em operações bancárias fraudulentas é dificultada pelo fato de os volumes e as proporções serem qualitativamente diferentes. Essa parte da insegurança geral é pouco estudada. Basta dizer que envolve, segundo Kofi Annan, cerca de 38 bilhões de dólares anuais fraudados na África através do *mispricing* utilizado por empresas transnacionais, mecanismo que, segundo o Global Financial Integrity (GFI) tira ilegalmente do Brasil 35 bilhões de dólares por ano, várias vezes o montante total do Bolsa Família. Esses e outros fluxos alimentam o estoque de dinheiro alocado em paraísos fiscais, montante que o *Economist* estima em 20 trilhões de dólares, um pouco menos de um terço do PIB mundial. Processos recentes na justiça americana e europeia mostram os principais bancos do mundo fraudando clientes em massa nos cartões de crédito. Apresentamos esses mecanismos que nos privam do nosso dinheiro não com arma na mão, mas com sorrisos comerciais, no texto *Os estranhos caminhos do nosso dinheiro*, disponível *online*.[53]

Muito mais próximo das nossas preocupações, porque é mais visível, está o problema das drogas. Essa é outra área onde as pessoas tendem a apresentar um raciocínio que migra da cabeça para o fígado. E aqui também é importante fazer distinções. As folhas de coca mastigadas pelos indígenas desde sempre nunca mataram ninguém, ainda que a mídia de direita goste de apresentar Evo Morales como *cocalero*. Já um extrato químico como a cocaína, gerida e comercializada por grandes máfias e colarinhos brancos, coloca outro desafio. E os compostos químicos como o *crack,* produzidos e comercializados em larga escala no mundo, são absolutamente destrutivos.

Não são aqui necessárias nem folhas de coca, nem plantações de papoula, nem quintais com maconha: são produtos sintetizados quimicamente, *commodities,* por assim dizer, baratos de produzir em larga escala e um flagelo para a humanidade. Aqui, a grande realidade é que, no mundo da droga, prende-se a vítima, o usuário ou o pequeno repassador da rua, e não se mexe na máquina, nas empresas que produzem, nos circuitos que comercializam e nos bancos que lavam o dinheiro, fazendo a ponte entre o circuito ilegal e o legalizado. A recentemente condenada criminalmente família Sackler, dona da empresa farmacêutica Purdue, contribuiu para a morte de centenas de milhares de

---

53 Editado pela Fundação Perseu Abramo: http://dowbor.org/blog/wp-content/uploads/2012/06/13-Descaminhos-do-dinheiro-p%-C3%BAblico-16-julho.doc. Veja também *Como o sistema financeiro trava a economia,* em http://outraspalavras.net/brasil/bancos-o-peso--morto-da-economia-brasileira/ (2014).

pessoas nos Estados Unidos, com a venda de opioides como medicamento, e deverá pagar inicialmente 3,54 bilhões de dólares de multa. A empresa já lucrou mais de 30 bilhões de dólares, e as mortes são estimadas em 450 mil.[54]

O deslocamento recente vai no sentido de se ampliar a visão. Nas Nações Unidas, "a segurança humana se define como a condição de viver livre do medo e livre da necessidade". Nessa visão mais ampla, temos, portanto, de distinguir os níveis de criminalidade, com drástico reforço da repressão ao crime organizado, inclusive o de colarinho branco, mas com tratamento de saúde e não carcerário dos usuários, que, afinal, estão fazendo mal a si mesmos, e com políticas sociais relativamente à imensa massa de pobres que fornecem a mão de obra ilimitada do sistema capilar do crime. Por enquanto, a repressão se abate apenas na parte de baixo da pirâmide social, onde seriam necessárias políticas de saúde e políticas sociais. E no estrato superior, a repressão é mínima, como se constata com a virtual impunidade dos paraísos fiscais que abrigam o dinheiro ilegal dos grandes bancos que o gerem, dos produtores e fornecedores de armas que disseminam instrumentos de morte por todo o planeta.

O conceito de *cluster* de poder aqui ajuda. Entre os grandes *traders* de droga, as polícias que cobram porcentagens para fechar parcialmente os olhos, os grandes grupos financeiros que organizam a lavagem do dinheiro, as empresas que comercializam as armas (e financiam as campanhas de legalização em nome da liberdade), os

---

54 Ver artigo no *Guardian*, "Purdue Pharma pleads guilty to criminal charges related to US opioid crisis" – *24 nov. 2020*. Ver em: https://www.google.co.uk/amp/s/amp.theguardian.com/society/2020/nov/24/purdue-pharma-oxycontin-pleads-guilty-opioid-crisis.

segmentos do Judiciário que legalizam as operações no nível do colarinho branco e os políticos e donos de mídia que enchem a boca de ética e de clamor por repressão em nome da proteção à nossa juventude, criou-se um universo pegajoso de interesses articulados. Quem paga é o moleque, de preferência pobre, homem e negro.

Não há nenhuma proporcionalidade entre a população carcerária e a redução do crime, pelo contrário. As idiotices do gênero "tolerância zero" apenas levam ao surgimento de uma nova geração mais profissionalizada, e a propinas mais elevadas para as polícias. As soluções estão na articulação inteligente da repressão, das políticas de saúde e das políticas sociais. E a dificuldade de se organizar a repressão no topo, no nível dos grandes organizadores do sistema mundial, inclusive de grandes corporações, existe justamente porque o sistema é mundial, enquanto as polícias são nacionais. Dentro dessas limitações precisamos, sim, de uma política nacional que articule os diversos subsistemas de intervenção. São necessariamente políticas públicas e com visão integrada. E cada vez mais precisamos de articulações internacionais para o crime de grande escala, que, com as tecnologias e a conectividade modernas, e em particular o dinheiro imaterial, permeiam grande parte do mundo corporativo.

As políticas de segurança são particularmente contaminadas com discursos ideológicos que jogam com a insegurança das comunidades, quando não insuflando ódio e acenando com vinganças. Ampliar o acesso a armas pessoais faz parte dessa demagogia. No caso do Brasil, não há como não ver que a massa de população jovem sem perspectiva, por falta de oportunidades e não por deformação pessoal, está na raiz da insegurança generalizada. A desigualdade, aqui também, constitui um pano de fundo de deformação sistêmica. Mas algumas visões gerais são hoje bastante claras:[55]

- Entender a segurança como sistema amplo e intersetorial que assegura a "saúde" do corpo social, a riqueza de convívios, a redução das desigualdades, a abertura de oportunidades para todos: com caminhos fechados na base da sociedade, não há intervenções de segurança que resolvam;
- Entender a criminalidade como sistema articulado com níveis diferentes, desde os sem colarinho até os colarinhos mais brancos: hoje usamos repressão na base da sociedade, onde está a pequena criminalidade que exige, medidas sociais, enquanto o crime organizado e as milícias são simplesmente tolerados, e os grandes sistemas de intermediação financeira ficam simplesmente fora do alcance;
- Ultrapassar a polarização ideológica entre repressão e prevenção: o crime organizado tem de ser reprimido de maneira organizada, a base social que ele utiliza deve ser saneada como políticas de inclusão;
- Toda criminalidade de grande porte utiliza transações financeiras que passam essencialmente pelos grandes bancos, que sabem perfeitamente identificar grandes

---

55 A leitura do livro de Luiz Eduardo Soares *Meu casaco de general,* continua muito relevante. Sobre a articulação do crime e da política, ver o livro de Bruno Paes Manso *A república das milícias,* bem como o artigo na *Carta Maior*, https://www.cartamaior.com.br/?/Editoria/ Leituras/Quando-a-violencia-pretende-produzir-ordem/58/49590. Sobre o comportamento criminoso das grandes corporações, ver o excelente livro de John Perkins, *Confessions of an Economic Hit Man,* https://dowbor.org/2005/01/confessions-of-an-economic-hit-man- -confissoes-de-um-agressor-economico-250-p.html/.

volumes sem origem confiável. É essencial assegurar a transparência dos grandes fluxos financeiros, única maneira de localizar a grande criminalidade: a taxação das transações financeiras, em particular internacionais, é essencial;

• Pesquisar as bases sociais da criminalidade, na linha dos trabalhos de Luís Eduardo Soares, dotando as políticas de segurança de melhor base científica no sentido amplo, e não só com proclamações de políticos sobre as últimas estatísticas de mortes;

• Ultrapassar a simplificação do encarceramento como solução: os Estados Unidos têm 4% da população mundial, e 25% da população carcerária, e é uma das sociedades mais inseguras do planeta.

***

Vimos assim seis setores de atividade na área de políticas sociais: saúde, educação, cultura e informação, o grupo de turismo, lazer e esporte, bem como habitação social e segurança. São *atividades-fins*, na medida em que ter uma vida com saúde, cultura, segurança e coisas do gênero é o que mais queremos. Mas não são produtos de prateleira, como a panela que compramos e levamos para casa e que pode ter sido fabricada na Indonésia. Constituem essencialmente sistemas de organização social. A complexidade econômica é aqui radicalmente diferente, tanto assim que nunca faltam panelas nos supermercados nem camisetas (e 1 milhão de itens de utilidade duvidosa) na rua 25 de Março, mas sim temos imensas deficiências na saúde, educação e outros setores da política social. A explicação é simples: quem produz camiseta compra matéria-prima, faz o desenho, vende e com o dinheiro da venda compra mais matéria-prima e assim por diante. O sistema privado, empresarial, é nesse sentido muito mais simples, porque recupera o seu investimento numa rotação do ciclo.

No caso da educação, ou da habitação social e outros setores das políticas sociais, é preciso cobrar impostos, gerar uma cultura comunitária, transformar o cotidiano das pessoas, obter a participação das organizações da sociedade civil, vencer a resistência política dos mais ricos, enfrentar a mídia comercial que prioriza sempre a privatização e os grupos que bancam a publicidade. A saúde tem de chegar a cada pessoa, uma pessoa que não se vacina coloca as outras em perigo, o comportamento negativo de alguns jovens contamina o conjunto, a corrupção de um policial corrói tudo em volta. As políticas sociais exigem em particular o envolvimento e a participação mais ampla da comunidade, o que, por sua vez, implica a geração de uma outra cultura política. E mudança cultural é um processo muito mais lento e complexo do que, por exemplo, a produção e venda de panelas.

O desafio tem duas faces. Se de um lado é mais complexo assegurar essas políticas, por exigirem forte articulação política e participação das comunidades, por outro lado, essa própria exigência nos leva a uma dinâmica em que os avanços sociais constituem também avanços políticos: as políticas sociais configuram poderosas dinâmicas estruturantes da sociedade. Os países onde se priorizaram as políticas sociais – o inverso do nosso fazer crescer o bolo para depois redistribuir – também encontraram o sucesso no plano das atividades produtivas em termos gerais. Ao se reforçar o que podemos chamar de tecido social, com menos desigualdade, mais ambiente colaborativo, um conjunto de características que tem se chamado de capital social, tudo passa a funcionar melhor, como se tem constatado no Canadá, nos países nórdicos e em países asiáticos.

No conjunto, são políticas em que Estado, e em particular o sistema público descentralizado e participativo, tem simplesmente funcionado muito melhor. Sistemas privados de saúde, de educação e semelhantes têm funcionado bem apenas para elites, aprofundando em geral os desequilíbrios e empurrando os problemas para a frente, em vez de enfrentá-los. E a verdade é que o sistema público de acesso universal permite reduzir as desigualdades ao igualar as oportunidades, e reduz também os custos, gerando maior produtividade sistêmica. Vimos previamente as vantagens de piscinas públicas, como ilustração de que há um conjunto de atividades que se tornam baratas e acessíveis quando transformadas em política pública. Aliás, ficar sentado sozinho na própria piscina, pensando no cloro que está acabando ou no conserto do vazamento, é uma idiotice. Diferentemente das panelas e das bonecas Barbie, as políticas sociais são produtos de consumo coletivo: é melhor para todos quando todos têm acesso.

O peso das políticas sociais no bem-estar da sociedade resulta do fato de que o dinheiro no bolso resolve apenas uma parte dos desafios de uma família, tipicamente 60%, permitindo o pagamento do aluguel, as compras. Os outros 40% constituem necessidades de consumo coletivo, acesso à saúde, segurança e afins. Não compramos o hospital nem a delegacia de polícia, faz parte de um salário indireto que deve ser assegurado de forma pública, gratuita e universal, porque é essencial para todos, e porque é muito mais barato e eficiente quando serve a todos. Constitui igualmente uma forma de reduzir os impactos do nosso principal desafio, a desigualdade.

RESUMINDO: SISTEMAS DIFERENCIADOS E COMPLEMENTARES DE GESTÃO E PROPRIEDADE

Ainda que seja repetitivo, voltamos aqui ao resumo que fizemos no início desse trabalho, porque as amarrações são essenciais na visão de conjunto. O que vimos são vinte setores, que agrupamos em quatro áreas: produção material, infraestruturas, serviços de intermediação e políticas sociais. Vimos alguns traços gerais de cada setor, o suficiente para entender a que ponto os diversos setores, e particularmente as diversas áreas, têm especificidades que levam a formas de organização diferenciadas. Resumir as formas complexas de organização econômica de uma sociedade moderna a alternativas entre o poder do Estado e o poder da corporação, com algum complemento de organizações da sociedade civil, simplesmente não resolve. As articulações são mais complexas, e sobretudo diferenciadas.

Retomando, a área de produção material é de forma geral organizada em unidades empresariais, baseadas em propriedade privada e reguladas por mecanismos de mercado – e crescentemente dentro de um marco regulador do Estado, particularmente nos setores que lidam com recursos não renováveis e de oferta limitada, como no caso das atividades com forte impacto ambiental. O mercado continua a desempenhar um papel importante na organização econômica e social, mas temos de entender as suas limitações, em particular quando vários setores passam a ser dominados por gigantes que eliminam a concorrência e se tornam forças políticas. Aqui passa a predominar a arbitrariedade, pois os interesses não são limitados nem por mecanismos de concorrência de mercado, nem por regulação e planejamento públicos.

As unidades empresariais, por sua vez, dependem, para a sua produtividade, de redes que as sustentem, constituídas por infraestruturas de transporte, de energia, de comunicação e de água e saneamento, que permitem que as unidades empresariais interajam e constituam um sistema econômico articulado. Essa área, que é a que pode assegurar a coerência estrutural de um tecido econômico composto de milhões de empresas, bem como serviços essenciais para as famílias, precisa responder a uma lógica sistêmica e de longo prazo. É constituída por redes que cobrem o território com suas diversas especificidades, e para não serem capturadas por interesses privados precisam obedecer ao interesse público mais amplo. Nesse sentido, é uma área de dominância do Estado, de propriedade ou controle público e regulada por uma mão muito visível, o planejamento democrático, que permite que a sociedade e os diversos agentes interessados tenham a visão dos projetos e possam equilibrar os interesses.

Essas duas áreas, por sua vez, dependem de uma área que se tornou dominante no conjunto da economia, crescendo e absorvendo recursos muito maiores do que a sua contribuição produtiva, que são os serviços de intermediação. Nessa área que facilmente se transforma em economia do pedágio, é essencial assegurar sistemas equilibrados de

180

contrapesos. Onde funcionam, constituem sistemas missos, com forte presença estatal, como, por exemplo, no caso da intermediação financeira, com grandes bancos públicos de investimentos e redes de bancos cooperativos ou de caixas locais de poupança, de maneira a reduzir os processos especulativos ou as práticas extorsivas de grupos privados. Além da constituição de sistemas missos, é vital que haja sistemas de regulação muito operantes, obrigação legal de transparência (*disclosure*) e sistemas de auditoria correspondentes. É importante entender que a máquina pública deve participar das atividades como agente direto, sem o que não terá "dentes" para regular o conjunto. Sistemas ágeis de intermediação podem facilitar imensamente o funcionamento de todas as atividades econômicas, mas podem com a mesma facilidade passar a cobrar pedágios e travar o desenvolvimento, pois praticamente todas as atividades econômicas devem, de uma maneira ou outra, passar por suas mãos, como hoje constatamos tanto na esfera da finança internacional como no sistema bancário no Brasil. Essa necessidade de controle e regulação vale também para os outros intermediários, como os setores do comércio, de serviços jurídicos ou de informação.

A quarta área que vimos é a das políticas sociais, que constituem um investimento nas pessoas. Ainda há pouco tempo vistas como secundárias ou como representando "gastos", hoje, com a complexidade cada vez maior de todas as atividades econômicas e das profissões, já se entende que as políticas sociais constituem uma condição prévia essencial do funcionamento de todos os setores, os sociais inclusive. Essa área está se agigantando, e pela sua dimensão de capilaridade – tem de chegar a cada indivíduo, a cada criança, a cada idoso – e pelo seu profundo enraizamento nas culturas locais ou regionais, necessita simultaneamente de uma forte dominância do setor público, ou comunitário não lucrativo, de sólidas articulações com movimentos sociais e de sistemas descentralizados de gestão participativa. A oportunidade que abre a urbanização, em termos de facilidade de gestão descentralizada e menos burocrática, é particularmente importante.

O que transparece também, nas quatro áreas e vinte setores analisados, é que, contrariamente ao ditado popular de que tamanho não é documento, em economia o tamanho importa muito. O dilema colocado pelos gigantes corporativos, que geram oligopólios suficientemente poderosos para se apropriar de ministérios, de segmentos do Legislativo, da grande mídia e até de áreas do Judiciário, e que passam a cooptar as instituições reguladoras como o Banco Central, ou as agências nacionais, como Anatel e outras, é que deformam profundamente o objetivo central da economia, que é promover um desenvolvimento equilibrado e sustentável. Assim a pequena e a média empresa, flexíveis e capilares em termos de adaptação às necessidades de cada localidade e nicho de mercado, podem perfeitamente ser deixadas à regulação pela concorrência, enquanto os gigantes têm de ser controlados, para evitar, por exemplo, a crise provocada pelas corporações financeiras ou os escândalos das grandes empresas farmacêuticas e dos planos de saúde, bem como das gigantescas plataformas de comunicação.

No conjunto, a ideia-chave que aqui trazemos é que precisamos evitar a redução das opções à privatização ou estatização, e entender que diversas áreas e setores de atividades econômicas exigem mecanismos diferenciados de regulação e pesos diferenciados da intervenção pública ou da iniciativa privada, ou ainda das organizações da sociedade civil, que passam a desempenhar um papel-chave nas políticas sociais. Frequentemente, quando os problemas nos parecem demasiado complexos, apelamos para muralhas ideológicas, nos tornamos ideologicamente privatistas ou estatistas, o que nos permite assumir posições sem precisar entender a complexidade. Diferenciar os problemas, entender as especificidades, ajuda a construir novos rumos no que temos chamado de articulação de mecanismos diferenciados de gestão, e que Ignacy Sachs, por exemplo, chama de economia mista. O bom senso e a busca mais equilibrada do que funciona melhor ajudam bastante. E temos excelentes exemplos internacionais em todos os setores.

Da mesma forma como analisamos previamente como os diversos setores da economia podem ser planejados e organizados de maneira mais produtiva, podemos apresentar os impactos negativos da fragilidade das políticas atuais, centradas nos interesses de curto prazo das elites em vez de uma visão de desenvolvimento sustentável de longo prazo. Em outros estudos, resumimos os desajustes atuais, em particular com os artigos "A burrice no poder", "A economia desgovernada: novos paradigmas". Lembremo-nos uma vez mais de que o problema do Brasil não é o de pobreza, de falta de recursos. Se dividirmos o PIB de 2019, 7,3 trilhões de reais, pela população, 212 milhões, constatamos que o que hoje produzimos é da ordem de 11 mil reais por mês por família de quatro pessoas. O que hoje produzimos é suficiente para assegurar uma vida digna e confortável para todos, bastando para isso reduzir moderadamente a desigualdade absurda que assola o país. Nesse sentido, o nosso problema não é propriamente econômico, é essencialmente um problema de organização política e social. As elites que se eternizam no poder, com pequenos intervalos, simplesmente preferem se apropriar e se sentar em cima das riquezas do que desenvolvê-las.

Isso nos leva a uma dimensão mais ampla. Pensando na análise das quatro áreas e vinte setores que vimos neste livro, trata-se, de certa maneira, dos diversos instrumentos, do piano, dos violinos, dos poderosos tambores, cada um com seus potenciais diferenciados. Mas, para termos uma música que faça sentido, uma orquestra afinada, é indispensável que tenhamos não só partituras claras, mas também um chefe de orquestra que harmonize o conjunto. E quando temos um chefe de orquestra que não conhece os instrumentos e não sabe ler partituras, o sistema desanda. Ou seja, as políticas setoriais têm de se desenvolver de maneira equilibrada, para que a complementariedade e sinergia das várias áreas permitam um desenvolvimento dinâmico e equilibrado. Para isso, temos de assegurar uma gestão que faça sentido, o que chamamos de políticas econômicas. O maestro, nesse caso, é o Estado.

A POLÍTICA ECONÔMICA, SOCIAL E AMBIENTAL

Temos de resgatar a capacidade de planejar, de prever problemas críticos, de restaurar equilíbrios econômicos, sociais e ambientais, de garantir a participação cidadã e o sentimento de liberdade de uma sociedade empoderada. No sentido amplo, chamamos isso de governança, a organização de um processo coerente de tomada de decisões. De uma boa compreensão das especificidades e potenciais dos diferentes setores pode resultar uma política que harmonize o conjunto. O conjunto deve ser administrado de maneira equilibrada e competente.

O resultado que esperamos, é hoje, não somente claro, mas amplamente acordado no plano internacional: temos de construir uma sociedade economicamente viável, mas também socialmente justa e ambientalmente sustentável. Frente à fragilidade econômica planetária, à desigualdade explosiva e à catástrofe ambiental, estamos todos buscando novos rumos. Trata-se do desenvolvimento sustentável, claramente detalhado nos dezessete objetivos da Agenda 2030. Sabemos o que tem de ser feito, temos os recursos financeiros correspondentes e as tecnologias necessárias. Precisamos de processos decisórios que funcionem, e para isso precisamos de um pacto social justo, das regras do jogo correspondentes e de um Estado com autoridade para implementá-las.

Tivemos trinta anos de políticas públicas fortes, no pós-guerra, que funcionaram. O processo foi interrompido pelo poder dos gigantes corporativos, e em particular pelo sistema financeiro, levando, a partir dos anos 1980, a quatro décadas que Joseph Stiglitz qualificou de desastrosas. Foi, e continua sendo, uma era de poder total dos chamados "mercados", com a globalização, financeirização e reforço desenfreado da exploração. O Estado foi declarado como sendo "o problema", e o vale-tudo corporativo levou às deformações que hoje enfrentamos. Dane-se o maestro, declararam os músicos, somos livres para tocar cada um como quer, viva o neoliberalismo. A sinfonia desandou, e o resultado é o que vemos. Os Estados viraram meros espectadores do desastre, e ainda chamados a resgatar o sistema com rios de dinheiro, transferências elegantemente chamadas de *Quantitative Easing*. Um sólido defensor do capitalismo como Martin Wolf, economista-chefe do *Financial Times*, escreve que o sistema "perdeu a sua legitimidade". Stiglitz é Nobel de Economia. Até o Papa sabe que precisamos de "uma outra economia".

A economia deve servir ao bem-estar das famílias, e de forma sustentável, portanto sem prejudicar a gerações futuras. Os poderosos gigantes corporativos que hoje comandam o conjunto do processo, inclusive as decisões públicas, estão longe do objetivo. Suas decisões são determinadas pela lógica de maximização dos rendimentos dos acionistas no curto prazo, pouco importando o desastre. Não por perversidade dos gestores ou dos acionistas, mas pela lógica do sistema: na economia globalizada, os Estados nacionais perderam a sua capacidade de assegurar os equilíbrios. Ao mesmo tempo que hoje temos consciência da necessidade de equilibrar os objetivos econômicos, sociais e ambientais, aflora a evidência de que precisamos equilibrar as funções do Estado, das empresas e da sociedade civil para resgatar a governança do conjunto.

Portanto, ao tripé de objetivos – econômicos, sociais e ambientais – precisamos acrescentar o tripé da gestão, a lógica do processo como a sociedade decide os seus rumos, de maneira razoavelmente equilibrada. Todo poder à corporação deu no que deu, hoje precisamos encontrar um novo equilíbrio entre a esfera pública, o mundo empresarial e a sociedade civil, lembrando que essa última é a quem as outras duas devem servir. Hissoricamente, nem todo poder ao Estado, nem todo poder às corporações têm dado resultados. E a ausência de regras do jogo internacionais, nesta era da globalização, aumenta o caos. Precisamos reconstruir o equilíbrio, políticas setoriais são essenciais, mas não suficientes.

O ponto-chave da reconstituição do equilíbrio de como a sociedade define os seus rumos, tanto em termos dos objetivos como da gestão, está na recuperação do controle dos sistemas financeiros. Vimos nesta obra as finanças como um dos setores da economia. Aqui queremos insistir no fato de que as finanças, atividade-meio que maneja unidades de informação nos computadores, constituem também o principal instrumento de apropriação do processo decisório da sociedade. Quando, em 2010, as corporações americanas são suficientemente fortes para obter o direito de financiar as campanhas eleitorais – o que significa não só a presidência, mas poderes estaduais e locais, além do sistema jurídico em todo o país –, é o papel do Estado que muda: a primeira e mais significativa medida do governo Trump foi uma drástica redução dos impostos das corporações. No Brasil, em 1995 os lucros e dividendos distribuídos passaram a ser isentos de impostos. A ausência de regulação financeira internacional permite que as multinacionais não só não paguem impostos como gerem um sistema extraterritorial de gestão financeira a partir dos paraísos fiscais. Que poder tem um governo que não governa as finanças?

Ou seja, além das políticas setoriais que vimos no corpo do presente estudo, o país precisa de políticas macroeconômicas, área em geral muito pouco compreendida, por ser alvo permanente de desinformação. Mas, no conjunto e na sua dimensão principal, que é a de orientar os recursos para onde sejam mais úteis, não há complexidade técnica, se sim complexidade política, pela intervenção de interesses privados na esfera pública, tanto nacionais como internacionais. O desafio não é falta de recursos, nem de saber onde devem ser alocados, e sim de enfrentar os interesses corporativos.

A política econômica que funciona é conhecida. Os recursos financeiros direcionados para a base da sociedade se transformam em consumo, o que melhora diretamente o bem-estar das famílias. O reforço das políticas sociais, como saúde, educação e segurança, melhora também, sob forma de salário indireto, a vida da população. Ambos melhoraram as condições de vida, que é o objetivo principal. Mas a melhoria da base econômica da sociedade também abre mercado para as empresas, que passam a produzir e empregar mais. Tanto as famílias geram impostos, receita para o Estado, em cada ato de consumo como as atividades empresariais reforçadas também aumentam as receitas do Estado, fechando o ciclo, o que chamamos de círculo virtuoso da economia.

Essa visão da construção de um processo dinâmico de melhoria do conjunto da economia tem hoje sólidas bases científicas e, em particular, comprovação prática: foi o que permitiu aos Estados Unidos saírem da crise dos anos 1930, através do chamado New Deal, e também a prosperidade do pós-guerra em numerosos países, no quadro do Estado de bem-estar, o *Welfare State*. É também o que hoje funciona nos países nórdicos, na China, na Coreia do Sul e outros países, que souberam resistir à apropriação dos recursos financeiros pelos grupos privados especulativos. E funcionou evidentemente no Brasil, no período de 2003 a 2013, no que o Banco Mundial chamou de "the Golden Decade of Brazil".[56]

A redução das políticas macroeconômicas a um ridículo tripé de equilíbrios de preços, câmbio e orçamento não faz nenhum sentido. A narrativa permite ao governo e aos grupos financeiros justificarem políticas de austeridade, em nome de assegurar o equilíbrio fiscal, mas na realidade reduzem o bem-estar das famílias – lei do teto de gastos – enquanto repassam os recursos financeiros para bancos, seguradoras, especuladores imobiliários e outros intermediários. Os principais equilíbrios econômicos são conseguidos dinamizando a base produtiva do país, o que aumenta as receitas públicas, em vez de reduzir os "gastos". Temos de voltar a ter uma política de investimentos públicos que dinamizem a economia, em vez de paralisar o con-

---

56 A dinâmica do Brasil, nesse campo, foi apresentada em outro livro, *A era do capital improdutivo*, e aqui retomamos o raciocínio porque as políticas setoriais, que são o nosso tema principal, dependem também de políticas macroeconômicas capazes de gerar um contexto propício.

junto. Em 2021, é o oitavo ano que estamos com a economia parada, independentemente, inclusive, da pandemia.

É essencial entender que o capitalismo financeirizado obedece a uma outra lógica: a apropriação do excedente social por meio de juros elevados, de dividendos e outros mecanismos de exploração financeira, não exige atividade produtiva dos que enriquecem. Trata-se de aplicações financeiras, ainda que sejam chamadas de "investimentos". A pandemia tornou esse processo mais claro, na medida em que a economia real sofreu forte queda, ao mesmo tempo em que os lucros financeiros aumentaram radicalmente. A privatização do Banco Central, em nome da "autonomia", faz parte do processo. O sistema financeiro tem de voltar a ser útil para a sociedade, especialmente porque os recursos que maneja são da sociedade.

Um vetor-chave do resgate do equilíbrio dinâmico da economia é a política tributária. O Estado representa, como ordem de grandeza, um terço da economia. A política que funciona é a cobrança de impostos sobre as grandes fortunas, a terra parada, os capitais especulativos, ou seja, o conjunto do capital improdutivo, e o repasse desses recursos para os setores que dinamizam a produção, envolvendo a demanda das famílias, o financiamento do investimento empresarial produtivo, as políticas sociais e as infraestruturas. No Brasil o principal motor da economia, que é a demanda das famílias, é travado pelos juros absurdos cobrados pelos intermediários financeiros e pelos elevados impostos sobre o consumo. E os lucros e dividendos dos afortunados são simplesmente isentos. Não há imposto sobre a fortuna, e o Imposto Territorial Rural é uma ficção. Nenhuma economia pode funcionar com essa política econômica absurda.

Se é preciso inverter a política de captação de recursos pelo Estado, é também preciso inverter a sua alocação. A transferência de recursos para a base da sociedade, em particular para o cerca de um terço da população mais fragilizada do país, sob forma de dinheiro e de políticas sociais, dinamiza o conjunto das atividades produtivas, como se viu na década de 2003 a 2013, quando tivemos um crescimento do PIB da ordem de 3,8% ao ano, a geração de 18 milhões de empregos formais privados e uma melhoria da qualidade de vida das pessoas. Um segundo eixo fundamental consiste na política de investimentos em infraestruturas, que tornam o conjunto das atividades econômicas do país mais produtivas. E um terceiro eixo consiste em assegurar, por meio de regulação por parte do Banco Central, que as instituições financeiras privadas usem os recursos que manejam para fomentar investimentos produtivos, e não especulação, evasão fiscal e canalização para paraísos fiscais. O capital tem de voltar a ser produtivo.

***

O breve estudo que aqui apresentamos se concentrou nas políticas setoriais, visando ultrapassar as simplificações ideológicas e mostrar que, numa sociedade complexa, temos de passar a adotar o que melhor funciona, de acordo com as diferentes áreas, mas também que funcione para todos, e de maneira sustentável. Podemos chamar isso de economia aplicada. Envolve tanto os valores que devem presidir às nossas escolhas quanto as formas de gestão correspondentes. De forma geral, chamamos isso de processo decisório, ou de "governança". Volto aqui a lembrar que não temos falta de recursos nem de tecnologias, nem de conhecimento dos problemas: o que falta, é a capacidade de organização política e social.

Os desafios são prementes, tanto no plano do desastre ambiental como na desigualdade explosiva, no caos financeiro, na desagregação da democracia e das liberdades individuais. Mais do que nunca, precisamos de mais pessoas entendendo os mecanismos básicos, de forma a que possamos afastar as narrativas que nos empurram e apoiar políticas que funcionem.

SUGESTÕES DE LEITURA

O leitor terá notado que, nos mais variados setores de atividades, estamos procurando novos rumos. As dinâmicas tecnológicas, em particular, e a própria complexidade e diversidade crescentes das nossas economias exigem formas de organização e de gestão mais sofisticadas, transparentes e democráticas. Esperar que uma mão invisível do mercado resolva, francamente, já não é realista, para dizer o mínimo. Como escreve Ignacy Sachs, estamos condenados a inventar, a inovar. A pandemia abriu um novo espaço, gerou um clima de busca de novos rumos. Nas palavras de Paulo Kliass, estão soprando ventos de mudança.

Com o caos político, econômico, social e ambiental que se expande pelo planeta afora, o neoliberalismo, com suas grandes simplificações, está dando lugar a novas construções. Pesquisadores pelo mundo afora estão traçando novos caminhos, com "novas regras para o século 21", do Instituto Roosevelt, ou "novas regras para a economia", da New Economics Foundation, além de um manancial de estudos inovadores, como os de Thomas Piketty, Joseph Stiglitz, Jeremy Rifkin, Kate Raworth, Mariana Mazzucato, Há-Joon Chang e tantos outros. Sugiro que vejam as resenhas correspondentes no meu blogue www.dowbor.

org, em Dicas de Leitura. Uma sistematização das principais propostas pode ser encontrada no meu artigo "A economia desgovernada: novos paradigmas", elaborado no quadro da Economia de Francisco, lançada pelo Papa.[57]

Um balanço das principais transformações em curso pode ser encontrado no meu livro *A era do capital improdutivo*, publicado por Autonomia Literária e Outras palavras, e disponível também *online* na íntegra,[58] acompanhado de vídeos didáticos. Os impactos da revolução digital e da economia do conhecimento são analisados no livro *O capitalismo se desloca,* também disponível. Ambos os livros apresentam ampla bibliografia.

Temos de ir muito além das simplificações ideológicas, buscando novas articulações do setor público, das empresas e das organizações da sociedade civil. Economia não é só para economistas, trata-se do bolso de todos nós, e, em particular, deve assegurar o bem-estar sustentável de toda a população.

Os argumentos do presente livro podem também ser assistidos em cinco vídeos didáticos de quinze minutos, disponíveis em meu site.[59]

---

57 http://dowbor.org/2019/10/ladislau-dowbor-a-economia-desgo-vernada-novos-paradigmas-14-de-outubro-de-2019.html/.
58 http://dowbor.org/principais-livros/,
59 http://dowbor.org/2019/10/curso-pao-nosso-de-cada-dia-com-la-dislau-dowbor-instituto-paulo-freire-2018-5-aulas.html/

Impresso por :

Graphicum
gráfica e editora

Tel.:11 2769-9056